Mariano José de Larra

Ideario español

Barcelona 2023
Linkgua-ediciones.com

Créditos

Título original: Ideario español.

© 2023, Linkgua ediciones S.L.

e-mail: info@linkgua.com

Diseño de cubierta: Michel Mallard.

ISBN rústica: 978-84-96290-08-2.
ISBN ebook: 978-84-9897-073-9.

Sumario

Brevísima presentación

La vida

Mariano José de Larra (Madrid, 1809-Madrid, 1837), España.

Hijo de un médico del ejército francés, en 1813 tuvo que huir con su familia a ese país tras la retirada de las fuerzas bonapartistas expulsadas de la península. Como dato sorprendente cabe decir que a su regreso a España apenas hablaba castellano.

Estudió en el colegio de los escolapios de Madrid, después con los jesuitas y más tarde derecho en Valladolid. Siendo muy joven se enamoró de una amante de su padre y este incidente marcó trágicamente su vida. En 1829 se casó con Josefa Wetoret. La unión resultó también un fracaso.

Las relaciones adúlteras que mantuvo con Dolores Armijo se reflejan en el drama *Macías* (1834) y en la novela histórica *El doncel de don Enrique el Doliente* (1834), inspiradas en la leyenda de un trovador medieval ejecutado por el marido de su amante. Trabajó, además, en los periódicos *El Español*, *El Redactor General* y *El Mundo*, y se interesó por la política.

Aunque fue diputado, no ocupó su escaño debido a la disolución de las Cortes. Larra se suicidó el 13 de febrero de 1837, tras un encuentro con su amante Dolores Armijo.

La España del siglo XIX

Este libro es una descarnada disección de la España del siglo XIX, de los fallos de un mundo atrapado en el tradicionalismo, cuyas incipientes reformas no alcanzaban sus cimientos más profundos.

Esa voz público que todos traen en boca, siempre en apoyo de sus opiniones, ese comodín de todos los partidos, de todos los pareceres, ¿es una palabra vacía de sentido o es un ente real y efectivo? Según lo mucho que se habla de él, según el papelón que hace en el mundo, según los epítetos que se le prodigan y las consideraciones que se le guardan, parece que debe de ser alguien. El público es ilustrado, el público es imparcial, el público es respetable; no hay duda, pues, que existe el público. En este supuesto, ¿quién es el público y dónde se le encuentra?

Larra atacó las costumbres groseras de la España del siglo XIX en «El castellano viejo», la indolencia de los funcionarios en «Vuelva usted mañana» o los espectáculos tradicionales en «Los toros» con un tono en ocasiones pesimista.

I. Crítica de costumbres y moral social

El público

Esa voz público que todos traen en boca, siempre en apoyo de sus opiniones, ese comodín de todos los partidos, de todos los pareceres, ¿es una palabra vacía de sentido o es un ente real y efectivo? Según lo mucho que se habla de él, según el papelón que hace en el mundo, según los epítetos que se le prodigan y las consideraciones que se le guardan, parece que debe de ser alguien. El público es ilustrado, el público es imparcial, el público es respetable; no hay duda, pues, que existe el público. En este supuesto, ¿quién es el público y dónde se le encuentra?...

...De mis observaciones concluyo: en primer lugar, que el público es el pretexto, el tapador de los fines particulares de cada uno. El escritor dice que emborrona papel y saca dinero al público por su bien y lleno de respeto hacia él. El médico cobra sus curas equivocadas y el abogado sus pleitos perdidos por el bien del público. El juez sentencia equivocadamente al inocente por el bien del público. El sastre, el librero, el impresor cortan, imprimen y roban por el mismo motivo; y, en fin, hasta el... Pero ¿a qué me canso? Yo mismo habré de confesar que escribo para el público, so pena de tener que confesar que escribo para mí.

Y en segundo lugar, concluyo: que no existe un público único, invariable, juez imparcial, como se pretende; que cada clase de la sociedad tiene su público particular, de cuyos rasgos y caracteres diversos y aun heterogéneos se compone la fisonomía monstruosa del que llamamos público; que éste es caprichoso y casi siempre tan injusto y parcial como la mayor parte de los hombres que le componen; que es intolerable al mismo tiempo que sufrido, y rutinario al mismo tiempo que novelero, aunque parezcan dos paradojas; que prefiere sin razón y se decide sin motivo fundado; que se deja llevar de impresiones pasajeras; que ama con idolatría sin porqué y aborrece de muerte sin causa; que es maligno y mal pensado y se recrea con la mordacidad; que por lo regular siente en masa y reunido de una manera muy distinta que cada uno de sus individuos en particular; que suele ser su favorita la medianía intrigante y charlatana, y el objeto de su olvido o de su desprecio el mérito modesto; que olvida con facilidad e ingratitud los servicios más importantes y premia con usura a quien le lisonjea y le engaña; y, por último, que con gran sinrazón queremos confundirle con la posteridad, que casi siempre revoca sus fallos interesados. (I-3 y 6)

Penuria intelectual de España

Del no estudiar nace el no saber, y del no saber es secuela indispensable ese hastío y ese tedio que a los libros tenemos, que tanto redunda en honra y provecho, y, sobre todo, en descanso de la patria...

...¡Qué de ventajas llevamos en esto a los demás! Muérense miserables aquí los autores malos, y digo malos, porque buenos no los hay; y lo que es mejor, lo mismo se han muerto los buenos cuando los ha habido, y volverán a morirse cuando los vuelva a haber; ni aquí se enriquecen los ingenios pobres con la lectura de los discretos ricos, ni tienen aquí más vanidad fundada que la que siempre traen en el estómago; pues por no hacerlos orgullosos, nadie los alaba ni les da que comer. ¡Oh, idea cristiana! Ni aquí prospera nadie con las letras, ni se cruzan los libros y periódicos en continua batalla; aquí las comedias buenas no se representan sino muy de tarde en tarde, sin otra razón que porque no las hay a menudo, y las malas ni se silban ni se pagan por miedo de que se lleguen a hacer buenas todos los días. Aquí somos tan bien criados, y tanto gustamos de ejercer la hospitalidad que vaciamos el oro de nuestros bolsillos para los extranjeros. ¡Oh, desinterés! Aquí se trata mal a los actores medianos y peor a los mejores por no ensoberbecerlos. ¡Oh, deseo de humildad!... No se les da siquiera precio por no ahitarlos. ¡Oh, caridad! Y a la par se exige de ellos que sean buenos. ¡Oh, indulgencia! No es aquí, en fin, profesión el escribir ni afición el leer; ambas cosas son pasatiempo de gente vaga y mal entretenida: que no puede ser hombre de provecho quien no es, por lo menos, tonto y mayorazgo.

¡Oh, tiempo y edad venturosa! No paséis nunca ni tengan nunca las letras más amparo, ni se hagan jamás comedias, ni se impriman papeles, ni libros se publiquen, ni lea nadie, ni escriba desde que salga de la escuela. Que si me dices, lector, que se escribe y se lee, que los muchos carteles que por todas partes ves, direte que me saques tres libros buenos del país y del día, y de lo demás no hagas caso, que no es más ni mejor el agua de una cascada por mucho estruendo que meta, ni eso es otra cosa que el espantoso ruido de los famosos batanes del hidalgo manchego; después de visto, un poco de agua sucia; ni escribe, en fin, todavía, quien solo escribe palotes. Así que, cuando la anterior proposición senté, no quise decir que no se escribiera, sino que ni se escribía bien, ni que no fuese el de emborronar papel el pecado del día, pecado que no quiera Dios perdonarlo nunca, ni quiero yo negar la triste verdad de que no hay día que algún libro malo no se publique, antes lo confieso, y de ello y de ellos me pesa y tengo verdadero dolor como si los compusiera yo. (I-12 y 13)

El señorito chulo

He aquí un mancebo que ha recibido una educación de las más escogidas que en este nuestro siglo se suelen dar; es decir esto que sabe leer, aunque no en todos los libros, y escribir, si bien no cosas dignas de ser leídas; contar no es cosa mayor, porque descuida el cuento de sus cuentas en los acreedores, que mejor que él se las saben llevar; baila como discípulo de Velucci; canta lo que basta para hacerse rogar y no estar nunca en voz; monta a caballo como un centauro y da gozo ver con qué soltura y desembarazo atropella por esas calles de Madrid a sus amigos y conocidos; de ciencias y artes ignora lo suficiente para poder hablar de todo con maestría. En materia de bella literatura y de teatro, no se hable, porque está abonado, y si no entiende la comedia, para eso la paga, y aun la suele silbar; de este modo da a entender que ha visto cosas mejores en otros países, porque ha viajado por el extranjero a fuer de bien criado. Habla un poco de francés y de italiano siempre que había de hablar español y español no lo habla, sino lo maltrata; a eso dice que la lengua española es la suya, y que puede hacer con ella lo que más le viniere en voluntad. Por supuesto, que no cree en Dios, porque quiere pasar por hombre de luces; pero, en cambio, cree en chalanes y en mozas, en amigos y en rufianes. Se me olvidaba. No hablemos de su pundonor, porque éste es tal, que por la menor bagatela, sobre si lo miraron o sobre si no lo miraron, pone una estocada en el corazón de su mejor amigo con la más singular gracia y desenvoltura que en esgrimidor alguno se ha conocido.

Con esta exquisita crianza, pues, y vestirse de vez en cuando de majo, traje que lleva consigo el ¿qué se me da a mí? y el ¡aquí estoy yo!... ya se deja conocer que es uno de los gerifaltes que más lugar ocupan en la corte, y que constituye uno de los adornos de la sociedad de buen tono de esta capital de qué sé yo cuántos mundos. (I-15)

Todo el año es carnaval

—¡Vamos a las máscaras!, bachiller —me gritó.

—¿A las máscaras?

—No hay remedio; tengo un coche a la puerta, ¡a las máscaras! Iremos a algunas casas particulares, y concluiremos la noche en uno de los grandes bailes de suscripción.

—Que te diviertas: yo me voy a acostar.

—¡Qué despropósito! No lo imagines; precisamente te traigo un dominó negro y una careta.

—¡Adiós! Hasta mañana. ¿Adónde vas? Mira, mi querido Munguía, tengo interés en que vengas conmigo; sin ti no voy, y perderé la mejor ocasión del mundo...

—¿De veras?

—Te lo juro.

—En ese caso, vamos. ¡Paciencia! Te acompañaré.

De mala gana entré dentro de un amplio ropaje, bajé la escalera, y me dejé arrastrar al compás de las exclamaciones de mi amigo, que no cesaba de gritarme: «¡Cómo nos vamos a divertir! ¡Qué noche tan deliciosa hemos de pasar!».

Era el coche de alquilón; a ratos parecía que andábamos tanto atrás como adelante, a modo de quien pisa nieve; a ratos que estábamos columpiándonos en un mismo sitio; llegó por fin a ser tan completa la ilusión, que temeroso yo de alguna pesada burla de carnaval, parecida al viaje de don Quijote y Sancho en el Clavileño, abrí la ventanilla más de una vez, deseoso de investigar si después de media hora de viaje estaríamos todavía a la puerta de mi casa, o si habríamos pasado ya la línea, como en la aventura de la barca del Ebro.

Ello parecerá increíble, pero llegamos, quedándome yo, sin embargo, en la duda de si habría andado el coche hacia la casa o la casa hacia el coche; subimos la escalera, verdadera imagen de la primera confusión de los elementos: un Edipo, sacando el reloj y viendo la hora que era; una vestal, atándose una liga elástica y dejando a su criado los chanclos y el capote escocés para la salida; un romano coetáneo de Catón dando órdenes a su cochero para encontrar su landó dos horas después; un indio no conquistado todavía por Colón, con su papeleta impresa en la mano y bajando de un birlocho; un Óscar acabando de fumar un cigarrillo de papel para entrar en el baile; un moro santiguándose asombrado al ver el gentío; cien dominós, en fin, subiendo todos los escalones sin que se sospechara que hubiese dentro quien los moviese, y tapándose todos las caras, sin saber los más para qué, y muchos sin ser conocidos de nadie.

Después de un molesto reconocimiento del billete y del sello y la rúbrica y la contraseña, entramos en una salita que no tenía más defecto que estar las paredes demasiado cerca unas de otras; pero ello es más preciso tener máscaras que sala donde colocarlas. Algún ciego alquilado para toda la noche, como la araña y la alfombra, y para descansarle un piano, tan piano que nadie lo consiguió oír jamás, eran la música del baile, donde nadie bailó. Poníanse, sí, de vez en cuando a modo de parejas la mitad de los concurrentes, y dábanse con la mayor intención de ánimo sendos encontrones a derecha e izquierda, y aquello era el bailar, si se nos permite esta expresión.

Mi amigo no encontró lo que buscaba, y según yo llegué a presumir, consistió en que no buscaba nada, que es precisamente lo mismo que a otros muchos les acontece. Algunas madres, sí, buscaban a sus hijas, y algunos maridos a sus mujeres; pero ni una sola hija buscaba a su madre, ni una sola mujer a su marido.

—Acaso —decían—, se habrán quedado dormidas entre la confusión en alguna otra pieza...

—Es posible —decía yo para mí— pero no es probable.

Una máscara vino disparada hacia mí.

—¿Eres tú? —me preguntó misteriosamente.

—Yo soy —le respondí—, seguro de no mentir.

—Conocí el dominó; pero esta noche es imposible: Paquita está ahí, mas el marido se ha empeñado en venir; no sabemos por dónde diantres ha encontrado billetes.

—¡Lástima grande!

—¡Mira tú qué ocasión! Te hemos visto, y no atreviéndose a hablarte ella misma, me envía para decirte que mañana sin falta os veréis en la Sartén... Dominó encarnado y lazos blancos.

—Bien.

—¿Estás?

—No faltaré.

—¿Y tu mujer, hombre? —le decía a un ente rarísimo que se había vestido todo de cuernecitos de abundancia, un dominó negro que llevaba otro igual del brazo.

—Durmiendo estará ahora; por más que he hecho, no he podido decidirla a que venga; no hay otra más enemiga de diversiones.

—Así descansas tú en su virtud: ¿piensas estar aquí toda la noche?

—No, hasta las cuatro.

—Haces bien.

En esto se había alejado el de los cuernecillos, y entreoí estas palabras:

—Nada ha sospechado.

—¿Cómo era posible? Si salí una hora después que él...

—¿A las cuatro ha dicho?

—Sí.

—Tenemos tiempo. ¿Estás segura de la criada?

—No hay cuidado alguno, porque...

Una oleada cortó el hilo de mi curiosidad; las demás palabras del diálogo se confundieron con las repetidas voces de: ¿Me conoces? Te conozco, etc., etc.

¿Pues no parecía estrella mía haber traído esta noche un dominó igual al de todos los amantes, más feliz por cierto que Quevedo, que se parecía de noche a cuantos esperaban para pegarles?

—¡Chis! ¡Chis! Por fin te encontré —me dijo otra máscara esbelta asiéndome del brazo, y con su voz tierna y agitada por la esperanza satisfecha—. ¿Hace mucho que me buscabas?

—No por cierto, porque no esperaba encontrarte.

—¡Ay! ¡Cuánto me has hecho pasar desde antes de anoche! No he visto hombre más torpe; yo tuve que comprenderlo todo; y la fortuna fue haber

convenido antes en no darnos nuestros nombres, ni aun por escrito. Si no...
—¿Pues qué hubo?

—¿Qué había de haber? El que venía conmigo era Carlos mismo.

—¿Qué dices?

—Al ver que me alargabas el papel, tuve que hacerme la desentendida y dejarlo caer, pero él lo vio y lo cogió. ¡Qué angustias!

—¿Y cómo saliste del paso?

—Al momento me ocurrió una idea. ¿Qué papel es ése? —le dije—. Vamos a verle; será de algún enamorado —se lo arrebato, veo que empieza querida Anita; cuando no vi mi nombre, respiré; empecé a echarlo a broma—. ¿Quién será el desesperado? —le decía riéndome a carcajadas.

—Veamos —y él mismo leyó el billete—: donde me decías que esta noche nos veríamos aquí, si podía venir sola. ¡Si vieras cómo se reía!

—¡Cierto que fue gracioso!

—Sí, pero, por Dios, don Juan, de éstas, pocas.

Acompañé largo rato a mi amante desconocida, siguiendo la broma lo mejor que pude... El lector comprenderá fácilmente que bendije las máscaras, y sobre todo el talismán de mi impagable dominó.

Salimos por fin de aquella casa, y no pude menos de soltar la carcajada al oír a una máscara que a mi lado bajaba:

—¡Pesia a mí! —le decía a otro—; no ha venido; toda la noche he seguido a otra creyendo que era ella, hasta que se ha quitado la careta. ¡La vieja más fea de Madrid! No ha venido; en mi vida pasé rato más amargo. ¿Quién sabe si el papel de la otra noche lo habrá echado todo a perder? Si don Carlos lo cogió...

—Hombre, no tengas cuidado.

—¡Paciencia! Mañana será otro día. Yo con ese temor me he guardado muy bien de traer el dominó cuyas señas le daba en la carta.

—Hiciste muy bien.

—Perfectísimamente —repetí yo para mí, y salimos riendo de los azares de la vida.

Bajamos atropellando un rimero de criados y capas tendidas aquí y allí por la escalera. La noche no dejó de tener tampoco algún contratiempo para mí. Yo me había llevado la querida de otro; en justa compensación otro se había llevado mi capa, que debía parecerse a la suya, como se parecía mi dominó al del desventurado querido. «Ya estás vengado —exclamé—, oh, burlado mancebo.» Felizmente yo, al entregarla en la puerta, había tenido la previsión de despedirme de ella tiernamente para toda mi vida. ¡Oh, previsión oportuna! Ciertamente que no nos volveremos a encontrar mi capa y yo en este mundo perecedero; había salido ya de la casa, había andado largo trecho, y aun volvía la cabeza de rato en rato hacia sus altas paredes, como Héctor al dejar a su Andrómaca, diciendo para mí: «Allí quedó, allí la dejé, allí la vi por última vez».

—Mira —me dijo mi extraño cicerone—. ¿Qué ves en esa casa? Un joven de sesenta años disponiéndose a asistir a una suaré; pantorrillas postizas, porque va de calzón; un frac diplomático; todas las maneras afectadas de un seductor de veinte años; una persuasión, sobre todo, indestructible de que su figura hace conquistas todavía...

—¿Y allí?

—Una mujer de cincuenta años.

—Obsérvala; se tiñe los blancos cabellos.

—¿Qué es aquello?

—Una caja de dientes, a la izquierda una pastilla de olor; a la derecha un polisón.

—¡Cómo se ciñe el corsé!; va a exhalar el último aliento. Repara su gesticulación de coqueta.

—¡Ente execrable! ¡Horrible desnudez!

—Más de una ha deslumbrado tus ojos en algún sarao que debieras haber visto en ese estado para ahorrarte algunas locuras.

—¿Quién es aquel de más allá?

—Un hombre que pasa entre vosotros los hombres por sensato; todos le consultan: es un célebre abogado; la librería que tiene al lado es el disfraz con que os engaña. Acaba de asegurar a un litigante con sus libros en la mano que su pleito es imperdible; el litigante ha salido; mira cómo cierra los libros en cuanto salió, como tú arrojarás la careta en llegando a tu casa. ¿Ves su sonrisa maligna? Parece decir: «Venid aquí, necios; dadme vuestro oro; yo os daré papeles, yo os haré frases. Mañana seré juez; seré el intérprete de Temis». ¿No te parece ver al loco de Cervantes, que se creía Neptuno?

«Observa más abajo: un moribundo; ¿oyes cómo se arrepiente de sus pecados? Si vuelve a la vida, tornará a las andadas. A su cabecera tiene a un hombre bien vestido, un bastón en una mano, una receta en la otra: O la tomas, o te pego. Aquí tienes la salud —parece decirle—, yo sano los males, yo los conozco; observa con qué seriedad lo dice; parece que cree él mismo; parece perdonarle la vida que se le escapa ya al infeliz. No hay cuidado, sale diciendo; ya sube en su bombé; ¿oyes el chasquido del látigo?

—Sí.

—Pues oye también el último ay del moribundo, que va a la eternidad, mientras que el doctor corre a embromar a otro con su disfraz de sabio.

—Ven a ese otro barrio.

—¿Qué es eso?

—Un duelo. ¿Ves esas caras tan compungidas?

—Sí.

—Míralas con este anteojo.

—¡Cielos! La alegría rebosa dentro, y cuenta los días que el decoro le podrá impedir salir al exterior.

—Mira una boda; con qué buena fe se prometen los novios eterna constancia y felicidad.

...

—¿Quién es aquél?

—Un militar; observa cómo se paga de aquel oro que adorna su casaca. ¡Qué de trapitos de colores se cuelga de los ojales! ¡Qué vano se presenta! Yo sé ganar batallas, parece que va diciendo.

—¿Y no es cierto? Ha ganado la de • • •.

—¡Insensato! Esa no la ganó él, sino que la perdió el enemigo.

—Pero... No es lo mismo.

—¿Y la otra de • • •?

—¡La casualidad!... Se está vistiendo de grande uniforme; es decir, disfrazando; con ese disfraz todos le dan V. E.; él y los que así le ven creen que ya no es un hombre como todos.

...

—Ya lo ves; en todas partes hay máscaras todo el año; aquel mismo amigo que te quiere hacer creer que lo es, la esposa que dice que te ama, la querida que te repite que te adora, ¿no te están embromando toda la vida? ¿A qué, pues, esa prisa de buscar billetes? Sal a la calle y verás las máscaras de balde. Solo te quiero enseñar, antes de volverte a llevar donde te he encontrado —concluyó Asmodeo—, una casa donde dicen especialmente que no las hay este año. Quiero desencantarte.

Al decir esto pasábamos por el teatro.

—Mira allí —me dijo—, a un autor de comedia. Dice que es un gran poeta. Está persuadido de que ha escrito los sentimientos de Orestes y de Nerón y de Otelo... ¡Infeliz! ¿Pero qué mucho? Un inmenso concurso se lo cree también. ¡Ya se ve!, ni unos ni otros han conocido a aquellos señores. Repara, y ríete a tu salvo. ¿Ves aquellos grandes palos pintados, aquellos lienzos corredizos? Dicen que aquello es el campo, y casas, y habitaciones, ¡y qué más sé yo! ¿Ves aquél que sale ahora? Aquél dice que es el grande sacerdote de los griegos, y aquel otro Edipo; ¿los conoces tú?

—Sí; por más señas, que esta mañana los vi en misa.

—Pues, míralos; ahora se desnudan, y el gran sacerdote, y Edipo, y Jocasta, y el pueblo tebano entero, se van a cenar sin más acompañamiento, y dejándose a su patria entre bastidores, algún carnero verde, o si quieres un excelente beefsteak hecho en casa de Genyelis. ¿Quieres oir a Semíramis?

—¿Estás loco, Asmodeo? ¿A Semíramis?

—Sí; mírala; es una excelente conocedora de la música de Rossini. ¿Oíste qué bien cantó aquel adagio? Pues es la viuda de Nino; ya expira; a imitación del cisne, canta y muere.

Al llegar aquí estábamos ya en el baile de máscaras; sentí un golpe ligero en una de mis mejillas. «¡Asmodeo!», grité. Profunda oscuridad; silencio de nuevo en torno mío. «¡Asmodeo!», quise gritar de nuevo; despiértame, empero, el esfuerzo. Llena aún mi fantasía de mi nocturno viaje, abro los ojos, y todos los trajes apiñados, todos los países me rodean en breve espacio; un chino, un marinero, un abate, un indio, un ruso, un griego, un romano, un escocés... ¡Cielos! ¿Qué es esto? ¿Ha sonado ya la trompeta final! ¿Se han congregado ya los hombres de todas épocas y de todas las zonas de la tierra a la voz del Omnipotente, en el valle de Josafat?... Poco a poco vuelvo en mí, y asustando a un turco y una monja, entre quienes estoy, exclamo con toda la filosofía de un hombre que no ha cenado, e imitando las expresiones de

Asmodeo, que aun suenan en mis oídos: El mundo todo es máscaras: todo el año es carnaval. (I-60, 61 y 62)

Metafísica en el infortunio

Nunca está el hombre más filósofo que en sus malos ratos; el que no tiene fortuna se encasqueta su filosofía, como un falto de pelo su bisoñé; la filosofía es, efectivamente, para el desdichado lo que la peluca para el calvo; de ambas maneras se les figura a entrambos que ocultan a los ojos de los demás la inmensa laguna que dejó en ellos por llenar la naturaleza madrastra. (I-60)

Patriotismo mal entendido

Hay patriota que daría todas las lindezas del extranjero por un dedo de su país. Esta ceguedad le hace adoptar todas las responsabilidades de tan inconsiderado cariño; de paso que defiende que no hay vinos como los españoles, en lo cual bien puede tener razón, defiende que no hay educación como la española, en lo cual bien pudiera no tenerla; a trueque de defender que el cielo de Madrid es purísimo, defenderá que nuestras manolas son las más encantadoras de las mujeres; es un hombre, en fin, que vive de exclusivas, a quien le sucede poco más o menos lo que a una parienta mía, que se muere por las jorobas solo porque tuvo un querido que llevaba una excrecencia bastante visible sobre entrambos omoplatos. (I-36)

Empleomanía

Los que quieren bien a su patria han de empezar por apartar el pensamiento de los empleos y quemar todos los memoriales hechos y por hacer; si el gobierno necesita hombres, hombres buscará, pues ya sabe dónde están y bien conocidos son; al que no le busquen, que no se haga buscar él, sino que hinque el codo y se aplique. Si hay un país en que puede un hombre hacerse un bienestar por cualquier ramo de artes y ciencias, es éste, y donde hay de ellos tantas clases. Pero si esperan a llamar buen gobierno a aquel que a cada vecino le dé 24.000 reales de renta por su manifiesta adhesión, nunca le habrá para este país, porque el que más y el que menos somos adictos y muy adictos a tomar la paga el último día del mes y aunque sea el primero del siguiente. Agréguese a esto que el seguir en el carril, de hasta ahora, es desnudar a un santo para vestir a otro, y santo por santo, voto a bríos que bien se está quien se está vestido. Sí, señor; aquí no tendremos un principio de esperanza sino cuando conozcan todos la necesidad de no sacar más sangre de este cuerpo ya desangrado; cuando tengan mis compatriotas ideas moderadas, un plan uniforme, una marcha prudente, menos egoísmo, menos miedo, menos partidos y colores, menos pereza y holgazanería; cuando el cielo nos envíe luz para ver y aplicación para trabajar; cuando tengamos, en fin, el verdadero deseo de ser felices, que mucho lleva adelantado para serlo quien de veras lo desea, porque el cielo es tan bueno que querrá probablemente todo lo que nosotros de veras queramos. (I-50)

La delicia del dolce far niente burocrático

No hay como tener oficina y sueldo, que corre siempre ni más ni menos que el río. Se pone uno malo o no se pone; no va a la oficina y corre la paga; lee uno allí de balde y al brasero los periódicos, y un cigarrillo tras otro se llega la hora de salir poco después de entrar. Si hay en casa un chico de ocho años, se le hace meter la cabeza, aunque no quiera ni sepa todavía la doctrina cristiana, y hételo meritorio. ¿No sirve uno para el caso o tiene un enemigo y le quitan de enmedio? Siempre queda un sueldecillo decente, si no por lo que trabaja ahora, por lo que ha dejado de trabajar antes. Aunque estas razones, capaces de mover un carro, no me tuviesen harto aficionado de los destinos, solo el ser del país me haría gustar de esas pagas tan naturalmente como el pez gusta de vivir en el agua. Eso de estudiar para otras carreras, ni está en nuestra naturaleza ni lo consiente nuestro buen entendimiento, que no ha menester de semejantes ayudas para saber de todo.

Otras ventajillas de los empleos se pudieran citar; hay unos, por ejemplo, en que se manejan intereses y ha sobrantes... Da uno cuentas, o no las da, o las da a su modo. No es que a mí esto me parezca mal; no, señor. A quien Dios se la dio, san Pedro se la bendiga. Algunos te dicen a eso que no tiene gracia que a cada mano por donde pasan aquellos ríos, se le pegue siempre algo. A eso pregunto yo si es posible que llegue el caso de que no se le pegue nunca a nadie. Ello es que hay cosas de suyo pegajosas, y si te arrimas mucho a un pellejo de miel, por fuerza te has de untar, sin que esto sea en ninguna manera culpa tuya, sino de la miel, que de suyo unta.

Otros emplefllos hay como el que tenía un amigo de mi padre, contaba este tal 20.000 reales de sueldo, y 40.000 más que calculaba él de manos puercas; pero también recaía en un señor excelente que lo sabía emplear. El año que menos, podía decir por Navidades que había venido a dar al cabo de los doce meses sobre unos 500 reales en varias partidas de a medio duro y tal, a doncellas desacomodadas y otras pobres gentes por ese estilo, porque eso sí, era muy caritativo, y daba limosnas... ¡Uf! De esta manera, ¿qué importa que haya algo de manos puercas? Se da a Dios lo que se quita a los hombres, si es que es quitar aprovecharse de aquellos gajecillos inocentes que se vienen ellos solos rodados. Si saliera uno a saltearlo a un camino a los pasajeros, vaya; pero cuando se trata de cogerlo en la misma oficina, con toda la comodidad del mundo, y sin el menor percance... Supongo, v. gr., que tienes un negociado, y que del negociado, sale un negocio; que sirvas a un amigo por el gusto de servirle no más; esto me parece muy puesto en razón; cualquiera haría otro tanto. Este amigo, que debe su fortuna a un triste informe tuyo, es muy regular, si es agradecido, que te deslice en la mano la finecilla de unas onzejas... No, sino, ándate en escrúpulos, y no las tomes; otro las tomará, y lo peor de todo, se picará el amigo, y con razón. Luego si él es el dueño de su dinero, ¿por qué ha de mirar nadie con malos ojos que se lo dé a quien le viniere a las mientes, o lo tire por la ventana? Sobre que el agradecimiento es una gran virtud, y que es una grandísima grosería desairar a un hombre de bien, que... Vamos... bueno estaría el mundo si desapareciesen de él las virtudes, si no hubiera empleados serviciales, ni corazones agradecidos. (I-49 y 50)

Vuelva usted mañana

Gran persona debió ser el primero que llamó pecado mortal a la pereza; nosotros no entraremos ahora en largas y profundas investigaciones acerca de la historia de este pecado, por más que conozcamos que hay pecados que pican en historia, y que la historia de los pecados sería un tanto cuanto divertida. Convengamos solamente en que esta institución ha cerrado y cerrará las puertas del cielo a más de un cristiano.

Esas reflexiones hacía yo casualmente no hace muchos días, cuando se presentó en mi casa un extranjero de estos que, en buena o mala parte, han de tener siempre de nuestro país una idea exagerada e hiperbólica, de estos que, o creen que los hombres aquí son todavía los espléndidos, francos, generosos y caballerescos seres de hace dos siglos, o que son aún las tribus nómadas del otro lado del Atlante: en el primer caso vienen imaginando que nuestro carácter se conserva tan intacto como nuestra ruina; en el segundo vienen temblando por esos caminos, y preguntan si son los ladrones que los han de despojar los individuos de algún cuerpo de guardia establecido precisamente para defenderlos de los azares de un camino, comunes a todos los países.

Verdad es que nuestro país no es de aquellos que se conocen a primera ni segunda vista, y si no temiéramos que nos llamasen atrevidos, lo compararíamos de buena gana a esos juegos de manos sorprendentes e inescrutables para el que ignora su artificio, que estribando en una grandísima bagatela, suelen después de sabidos dejar asombrado de su poca perspicacia al mismo que se devanó los sesos por buscarles causas extrañas. Muchas veces la falta de una causa determinante en las cosas nos hace creer que debe de haberlas profundas para mantenerlas al abrigo de nuestra penetración. Tal es el orgullo del hombre, que más quiere declarar en alta voz que las cosas son incomprensibles cuando no las comprende él, que confesar que el ignorarlas puede depender de su torpeza.

Esto no obstante, como quiera que entre nosotros mismos se hallen muchos en esta ignorancia de los verdaderos resortes que nos mueven, no tendremos derecho para extrañar que los extranjeros no los puedan tan fácilmente penetrar.

Un extranjero de estos fue el que se presentó en mi casa, provisto de competentes cartas de recomendación para mi persona. Asuntos intrincados de familia, reclamaciones futuras, y aun proyectos vastos concebidos en París de invertir aquí sus cuantiosos caudales en tal cual especulación industrial o mercantil, eran los motivos que a nuestra patria le conducían.

Acostumbrado a la actividad en que viven nuestros vecinos, me aseguró formalmente que pensaba permanecer aquí muy poco tiempo, sobre todo si no encontraba pronto objeto seguro en que invertir su capital. Parecióme el extranjero digno de alguna consideración, trabé presto amistad con él, y lleno de lástima traté de persuadirle a que se volviese a su casa cuanto antes, siempre que seriamente trajese otro fin que no fuese el de pasearse. Admírole la proposición, y fue preciso explicarme más claro.

—Mirad —le dije—, monsieur Sans-délai —que así se llamaba—; vos venís decidido a pasar quince días, y a solventar en ellos vuestros asuntos.

—Ciertamente —me contestó—. Quince días, y es mucho. Mañana por la mañana buscamos un genealogista para mis asuntos de familia; por la tarde revuelve sus libros, busca mis ascendientes, y por la noche ya sé quién soy. En cuanto a mis reclamaciones, pasado mañana las presento fundadas en los datos que aquél me dé, legalizadas en debida forma; y como será una cosa clara y de justicia innegable (pues solo en este caso haré valer mis derechos), al tercer día se juzga el caso y soy dueño de lo mío. En cuanto a mis especulaciones, en que pienso invertir mis caudales, al cuarto día ya habré presentado mis proposiciones. Serán buenas o malas, y admitidas o desechadas en el acto, y son cinco días; en el sexto, séptimo y octavo, veo lo que hay que ver en Madrid; descanso el noveno; el décimo tomo mi asiento en la diligencia, si no me conviene estar más tiempo aquí, y me vuelvo a mi casa; aún me sobran de los quince, cinco días.

Al llegar aquí monsieur Sans-délai, traté de reprimir una carcajada que me andaba retozando ya hacía rato en el cuerpo, y si mi educación logró sofocar mi inoportuna jovialidad, no fue bastante a impedir que se asomase a mis labios una suave sonrisa de asombro y de lástima que sus planes ejecutivos me sacaban al rostro mal de mi grado.

—Permitidme, monsieur Sans-délai —le dije entre socarrón y formal—, permitidme que os convide a comer para el día en que llevéis quince meses de estancia en Madrid.

—¿Cómo?

—Dentro de quince meses estáis aquí todavía.

—¿Os burláis?

—No por cierto.

—¿No me podré marchar cuando quiera? ¡Cierto que la idea es graciosa! —Sabed que no estáis en vuestro país activo y trabajador.

—¡Oh! los españoles que han viajado por el extranjero han adquirido la costumbre de hablar mal de su país por hacerse superiores a sus compatriotas.

—Os aseguro que en los quince días con que contáis, no habréis podido hablar siquiera a una sola de las personas cuya cooperación necesitáis.

—¡Hipérboles! Yo les comunicaré a todos mi actividad.

—Todos os comunicarán su inercia.

Conocí que no estaba el señor de Sans-délai muy dispuesto a dejarse convencer sino por la experiencia, y callé por entonces, bien seguro de que no tardarían mucho los hechos en hablar por mí.

Amaneció el día siguiente, y salimos entrambos a buscar un genealogista, lo cual solo se pudo hacer preguntando de amigo en amigo y de conocido en conocido: encontrámosle por fin, y el buen señor, aturdido de ver nuestra precipitación, declaró francamente que necesitaba tomar algún tiempo; instósele, y por mucho favor nos dijo definitivamente que nos diéramos una vuelta por allí dentro de unos días. Sonreíme y marchámonos. Pasaron tres días; fuimos.

—Vuelva usted mañana —nos respondió la criada—, porque el señor no se ha levantado todavía.

—Vuelva usted mañana —nos dijo al siguiente día—, porque el amo acaba de salir.

—Vuelva usted mañana —nos respondió el otro—, porque el amo está durmiendo la siesta.

—Vuelva usted mañana —nos respondió el lunes siguiente—, porque hoy ha ido a los toros.

¿Qué día, a qué hora se ve a un español? Vímosle por fin, y «Vuelva usted mañana —nos dijo—, porque se me ha olvidado. Vuelva usted mañana, porque no está en limpio». A los quince días ya estuvo; pero mi amigo le había pedido una noticia del apellido Díez, y él había entendido Díaz, y la noticia no servía. Esperando nuevas pruebas, nada dije a mi amigo, desesperado ya de dar jamás con sus abuelos.

Es claro que faltando este principio no tuvieron lugar las reclamaciones.

Para las proposiciones que acerca de varios establecimientos y empresas utilísimas pensaba hacer, había sido preciso buscar un traductor; por los mismos pasos que el genealogista nos hizo pasar el traductor; de mañana en mañana nos llevó hasta el fin del mes. Averiguamos que necesitaba dinero diariamente para comer, con la mayor urgencia; sin embargo, nunca encontraba momento oportuno para trabajar. El escribiente hizo después otro tanto con las copias, sobre llenarlas de mentiras, porque un escribiente que sepa escribir no le hay en este país.

No paró aquí; un sastre tardó veinte días en hacerle un frac, que le había mandado llevarle en veinticuatro horas; el zapatero le obligó con su tardanza a comprar botas hechas; la planchadora necesitó quince días para plancharle una camisola; y el sombrerero, a quien le había enviado su sombrero a variar el ala, le tuvo dos días con la cabeza al aire y sin salir de casa.

Sus conocidos y amigos no le asistían a una sola cita, ni avisaban cuando faltaban, ni respondían a sus esquelas. ¡Qué formalidad y qué exactitud!

—¿Qué os parece de esta tierra, monsieur Sans-délai? —le dije al llegar a estas pruebas.

—Me parece que son hombres singulares...

—Pues así son todos. No comerán por no llevar la comida a la boca.

Presentose con todo, yendo y viniendo días, una proposición de mejoras para un ramo que no citaré, quedando recomendada eficacísimamente.

A los cuatro días volvimos a saber el éxito de nuestra pretensión.

—Vuelva usted mañana —nos dijo el portero—. El oficial de mesa no ha venido hoy.

—Grande causa le habrá detenido —dije yo entre mí. Fuímonos a dar un paseo, y nos encontramos, ¡qué casualidad! al oficial de la mesa en el Retiro, ocupadísimo en dar una vuelta con su señora al hermoso Sol de los inviernos claros de Madrid.

Martes era el día siguiente, y nos dijo el portero:

—Vuelva usted mañana, porque el señor oficial de la mesa no da audiencia hoy.

—Grandes negocios habrán cargado sobre él —dije yo.

Como soy el diablo y aun he sido duende, busqué ocasión de echar una ojeada por el agujero de una cerradura. Su señoría estaba echando un cigarrito al brasero, y con una charada del diario entre manos que le debía costar trabajo el acertar.

—Es imposible verle hoy —le dije a mi compañero—; su señoría está en efecto ocupadísimo.

Dionos audiencia el miércoles inmediato, y ¡qué fatalidad! el expediente había pasado a informe, por desgracia, a la única persona enemiga indispensable de monsieur y de su plan, porque era quien debía salir en él perjudicado. Vivió el expediente dos meses en informe, y vino tan informado como era de esperar. Verdad es que nosotros no habíamos podido encontrar empeño para una persona muy amiga del informante. Esta persona tenía unos ojos muy hermosos, los cuales sin duda alguna le hubieran convencido en sus ratos perdidos de la justicia de nuestra causa.

Vuelto de informe se cayó en la cuenta en la sección de nuestra bendita oficina de que el tal expediente no correspondía a aquel ramo; era preciso rectificar este pequeño error; pasóse al ramo, establecimiento y mesa correspondientes, y hétenos caminando después de tres meses a la cola siempre de nuestro expediente, como hurón que busca el conejo, y sin poderlo sacar muerto ni vivo de la huronera. Fue el caso al llegar aquí que el expediente salió del primer establecimiento y nunca llegó al otro.

—De aquí se remitió con fecha tantos —decían en uno.

—Aquí, no ha llegado nada —decían en otro.

—¡Voto va! —dije yo a monsieur Sans-délai—, ¿sabéis que nuestro expediente se ha quedado en el aire como el alma de Garibay, y que debe de estar ahora posado como una paloma sobre algún tejado de esta activa población?

Hubo que hacer otro. ¡Vuelta a los empeños! ¡vuelta a la prisa! ¡qué delirio!

—Es indispensable —dijo el oficial con voz campanuda—, que esas cosas vayan por sus trámites regulares. Es decir, que el toque estaba como el toque del ejercicio militar, en llevar nuestro expediente tantos o cuantos años de servicio.

Por último, después de cerca de medio año de subir y bajar, y estar a la firma o al informe, o a la aprobación, o al despacho, o debajo de la mesa, y de volver siempre mañana, salió con una notita al margen que decía: «A pesar de la justicia y utilidad del plan del exponente, negado».

—¡Ah, alir monsieur Sans-délai —exclamé riéndome a carcajadas—; este es nuestro negocio.

Pero monsieur Sans-délai se daba a todos los oficinistas, que es como si dijéramos a todos los diablos.

—¿Para esto he echado yo mi viaje tan largo? ¿Después de seis meses no habré conseguido sino que me digan en todas partes diariamente: Vuelva usted mañana, y cuando este dichoso mañana llega en fin, nos dicen redondamente que no? ¿Y vengo a darles dinero? ¿Y vengo a hacerles favor? Preciso es que la intriga más enredada se haya fraguado para oponerse a nuestras miras.

—¿Intriga, monsieur Sans-délai? No hay hombre capaz de seguir dos horas una intriga. La pereza es la verdadera intriga; os juro que no hay otra: esa es la gran causa oculta: es más fácil negar las cosas que enterarse de ellas.

Al llegar aquí, no quiero pasar en silencio algunas razones de las que me dieron para la anterior negativa, aunque sea una pequeña digresión.

—Ese hombre se va a perder —me decía un personaje muy grave y muy patriótico.

—Esa no es una razón —le repuse—: si él se arruina, nada se habrá perdido en concederle lo que pide; él llevará el castigo de su osadía o de su ignorancia.

—¿Cómo ha de salir con su intención?

—Y suponga usted que quiere tirar su dinero y perderse; ¿no puede uno aquí morirse siquiera, sin tener un empeño para el oficial de la mesa? Puede perjudicar a los que hasta ahora han hecho de otra manera eso mismo que ese señor extranjero quiere.

—¿A los que lo han hecho de otra manera, es decir, peor?

—Sí, pero lo han hecho. Sería lástima que se acabara el modo de hacer mal las cosas. ¿Con que, porque siempre se han hecho las cosas del modo peor posible, será preciso tener consideraciones con los perpetuadores del mal? Antes se debiera mirar si podrían perjudicar los antiguos al moderno.

—Así está establecido; así se ha hecho hasta aquí; así lo seguiremos haciendo.

—Por esa razón deberían darle a usted papilla todavía como cuando nació.

—En fin, señor Fígaro, es un extranjero.

—¿Y por qué no lo hacen los naturales del país?

—Con esas socaliñas vienen a sacarnos la sangre.

—Señor mío —exclamé, sin llevar más adelante mi paciencia—; está usted en un error harto general. Usted es como muchos que tienen la diabólica manía de empezar siempre por poner obstáculos a todo lo bueno, y el que pueda que los venza. Aquí tenemos el loco orgullo de no saber nada, de querer adivinarlo todo y no reconocer maestros. Las naciones que han tenido, ya que no el saber, deseos de él, no han encontrado otro remedio que el de recurrir a los que sabían más que ellas.

—Un extranjero —seguí— que corre a un país que le es es desconocido, para arriesgar en él sus caudales, pone en circulación un capital nuevo, contribuye a la sociedad, a quien hace un inmenso beneficio con su talento y su dinero. Si pierde, es un héroe; si gana es muy justo que logre el premio de su trabajo, pues nos proporciona ventajas que no podíamos acarrearnos solos. Este extranjero que se establece en este país, no viene a sacar de él el dinero, como usted supone; necesariamente se establece y se arraiga en él, y a la vuelta de media docena de años, ni es extranjero ya, ni puede serlo; sus más caros intereses y su familia le ligan al nuevo país que ha adoptado; toma cariño al suelo donde ha hecho su fortuna, al pueblo donde ha escogido una compañera; sus hijos son españoles, y sus nietos lo serán; en vez de extraer el dinero, ha venido a dejar un capital suyo que traía, invirtiéndole y haciéndole producir; ha dejado otro capital de talento, que vale por lo menos tanto como el del dinero; ha dado de comer a los pocos o muchos naturales de quien ha tenido necesariamente que valerse; ha hecho una mejora, y hasta ha contribuido al aumento de la población con su nueva familia. Convencidos de estas importantes verdades, todos los gobiernos sabios y prudentes han llamado a sí a los extranjeros: a su grande hospitalidad ha debido siempre la Francia su alto grado de esplendor; a los extranjeros de todo el mundo que ha llamado la Rusia, ha debido el llegar a ser una de las primeras naciones en muchísimo menos tiempo que el que han tardado otras en llegar a ser las últimas; a los extranjeros han debido los Estados Unidos... Pero veo por sus gestos de usted —concluí interrumpiéndome oportunamente a mí mismo— que es muy difícil convencer al que está persuadido de que no se debe convencer. ¡Por cierto, si usted mandara, podríamos fundar en usted grandes esperanzas!

Concluida esta filípica, fuíme en busca de mi Sans-délai.

—Me marcho, señor Fígaro —me dijo—: en este país no hay tiempo para hacer nada; solo me limitaré a ver lo que haya en la capital de más notable.

—¡Ay! mi amigo —le dije—, idos en paz, y no queráis acabar con vuestra poca paciencia; mirad que la mayor parte de nuestras cosas no se ven. ¿Es posible?

—¿Nunca me habéis de creer? Acordaos de los quince días...

Un gesto, de monsieur Sans-délai me indicó que no le había gustado el recuerdo.

—Vuelva usted mañana —nos decían en todas partes—, porque hoy no se ve.

—Ponga usted un memorialito para que le den a usted un permiso especial. Era cosa de ver la cara de mi amigo al oír lo del memorialito: representábasele en la imaginación el informe, y el empeño, y los seis meses, y... Contentose con decir: Soy extranjero. ¡Buena recomendación entre los amables compatriotas míos! Aturdíase mi amigo cada vez más, y cada vez nos comprendía menos. Días y días tardamos en ver las pocas rarezas que tenemos guardadas. Finalmente, después de medio año largo, si es que puede haber un medio año más largo que otro, se restituyó mi recomendado a su patria maldiciendo de esta tierra, y dándome la razón que yo ya antes me temía, y llevando al extranjero noticias excelentes de nuestras costumbres; diciendo, sobre todo, que en seis meses no había podido hacer otra cosa sino volver siempre mañana, y que a la vuelta de tanto mañana, enteramente futuro, lo mejor o más bien lo único que había podido hacer bueno, había sido marcharse.

¿Tendrá razón, perezoso lector (si es que has llegado ya a esto que estoy escribiendo), tendrá razón el buen monsieur Sans-délai en hablar mal de nosotros y de nuestra pereza? ¿Será cosa de que vuelva el día de mañana a visitar nuestros hogares? Dejemos esta cuestión para mañana, porque ya estarás cansado de leer hoy: si mañana u otro día no tienes, como sueles, pereza de volver a la librería, pereza de sacar tu bolsillo, y pereza de abrir los ojos para ojear las hojas que tengo que darte todavía, te contaré cómo a mí mismo, que todo esto veo y conozco y callo mucho más, me ha sucedido muchas veces, llevado de esta influencia, hija del clima y de otras causas, perder de pereza más de una conquista amorosa; abandonar más de una pretensión empezada, y las esperanzas de más de un empleo, que me hubiera sido acaso, con más actividad, poco menos que asequible; renunciar, en fin, por pereza de hacer una visita justa o necesaria, a relaciones sociales que hubieran podido valerme de mucho en el transcurso de mi vida; te confesaré que no hay negocio que no pueda hacer hoy que no deje para mañana; te referiré que me levanto a las once, y duermo siesta; que paso haciendo quinto pie de la mesa de un café hablando o roncando, como buen español, las siete y las ocho horas seguidas; te añadiré que cuando cierran el café, me arrastro lentamente a mi tertulia diaria (porque de pereza tengo más que una), y un cigarrito, tras otro me alcanzan clavado en un sitial, y bostezando sin cesar, las doce o la una de la madrugada; que muchas noches no ceno de pereza, y de pereza no me acuesto; en fin, lector de mi alma, te declararé que de tantas veces como estuve en esta vida desesperado, ninguna me ahorqué y siempre fue de pereza. Y concluyo por hoy confesándote que ha más de tres meses que tengo, como la primera entre mis apuntaciones, el título de este artículo, que llamé: Vuelva usted mañana; que todas las noches y muchas tardes he querido durante este tiempo escribir algo en él, y todas las noches apagaba mi luz diciéndome a mí mismo con la más pueril credulidad en mis propias resoluciones: ¡Eh! mañana le escribiré! Da gracias a que llegó por fin este mañana, que no es del todo malo; pero ¡ay de aquel mañana que no ha de llegar jamás! (I-52)

Contra la acusación de extranjerismo

Habrán creído muchos tal vez que un orgullo mal entendido o una pasión inoportuna y dislocada de extranjerismo, han hecho nacer en nosotros una propensión a maldecir de nuestras cosas. Lejos de nosotros intención tan poco patriótica; esta duda solo puede tener cabida en aquellos paisanos nuestros que, haciéndose peligrosa ilusión, tratan de persuadirse a sí mismos que marchamos al frente, o al nivel, a lo menos, de la civilización del mundo; para los que tal creen no escribimos, porque tanto valiera hablar a sordos. (I-63 y 64)

El mejor español

Los aduladores de los pueblos han sido siempre, como los aduladores de los grandes, sus más perjudiciales enemigos; ellos les han puesto una espesa venda en los ojos, y para usufructuar su flaqueza les han dicho: Lo sois todo. De esta torpe adulación ha nacido el loco orgullo que a muchos de nuestros compatriotas hace creer que nada tenemos que adelantar, ningún esfuerzo que emplear, ninguna envidia que tener... Ahora preguntamos al que de buena fe nos quiera responder: ¿Quién es el mejor español? ¿El hipócrita que grita: «Todo lo sois; no deis un paso para ganar el premio de la carrera porque vais delante», o el que, sinceramente, dice a sus compatriotas: «Aún os queda que andar; la meta está lejos; caminad más a prisa sí queréis ser los primeros»? Aquél les impide marchar hacia el bien, persuadiéndoles de que le tienen; el segundo mueve el único resorte capaz de hacerlos llegar a él tarde o temprano. ¿Quién, pues, de entrambos desea más su felicidad? El último es el verdadero español; el último, el único que camina en el sentido de nuestro buen gobierno. (I-64)

El joven a la moda

El joven a la moda debe aprender el arte de tener siempre razón, es decir, la esgrima, porque andan muy en boga los desafíos de algún tiempo a esta parte; de suerte que ya en el día es una vergüenza no haber estropeado a algún amigo en el campo del honor. Es de primera necesidad que se vista de majo y eche un cuarto a espadas en cualquier funcioncilla de toros extraordinaria que entre señoritos aficionados se celebre; que sí se celebrará; con estas dos cosas será una columna de la patria y un modelo del buen tono, según los usos del día. Y aun si pudiera ser tener pantalón kolan y sombrero clac; si pudiera ser, además, que pasase la mañana haciendo visitas y dejando cartoncitos de puerta en puerta; la tarde, haciendo ganas de comer y atropellando amigos en un caballo cuellilargo y sin rabo, que es condición sine qua non; la prima noche, silbando alguna comedia buena, y la madrugada, de ragout en ragout, perdiendo al écarté su dinerillo y el de sus acreedores, sería doblemente considerado de las gentes de mundo y atendido de las personas sensatas del siglo. (I-65)

En este país...

En este país..., esta es la frase que todos repetimos a porfía, frase que sirve de clave para toda clase de explicaciones, cualquiera que sea la cosa que a nuestros ojos choque en mal sentido. «¿Qué quiere usted?», decimos. «¡En este país!» Cualquier acontecimiento desagradable que nos suceda creemos explicarle perfectamente con la frasecilla: ¡Cosas de este país!, que con vanidad pronunciamos y sin pudor alguno repetimos.

¿Nace esta frase de un atraso reconocido en toda la nación? No creo que pueda ser éste su origen, porque solo puede conocer la carencia de una cosa el que la misma cosa conoce; de donde se infiere que si todos los individuos de un pueblo conociesen su atraso, no estarían, realmente, atrasados. Es la pereza de imaginación o de raciocinio que nos impide investigar la verdadera razón de cuanto nos sucede, y que se goza en tener una muletilla siempre a mano con qué responderse a sus propios argumentos, haciéndose cada uno la ilusión de no creerse cómplice de un mal, cuya responsabilidad descarga sobre el estado del país en general. Esto parece más ingenioso que cierto.

Creo entrever la causa verdadera de esta humillante expresión. Cuando se halla un país en aquel crítico momento en que se acerca a una transición, y en que, saliendo de las tinieblas, comienza a brillar a sus ojos un ligero resplandor, no conoce todavía el bien; empero ya conoce el mal, de donde pretende salir para probar cualquiera otra cosa que no sea lo que hasta entonces ha tenido. Sucédele lo que a una joven bella que sale de la adolescencia; no conoce el amor todavía, ni sus goces; su corazón, sin embargo, o la naturaleza, por mejor decir, le empieza a revelar una necesidad que pronto será urgente para ella, y cuyo germen y cuyos medios de satisfacción tiene en sí misma, si bien los desconoce todavía; la vaga inquietud de su alma, que busca y ansía, sin saber qué, la atormenta y la disgusta de su estado actual y del anterior en que vivía; y vésela despreciar y romper aquellos mismos sencillos juguetes que formaban poco antes el encanto de su ignorante existencia. (III-272)

La educación de antaño

En el día podemos decir que han desaparecido muchos de los vicios radicales de la educación que no podían menos de indignar a los hombres sensatos de fines del siglo pasado y aun de principios de éste. Rancias costumbres, preocupaciones antiguas, hijas de una religión mal entendida y del espíritu represor que ahogó en España durante siglos enteros el vuelo de las ideas, habían llegado a establecer una rutina tal en todas las cosas, que la vida entera de todos los individuos, así como la marcha del gobierno, era una pauta de la cual no era lícito siquiera pensar en separarse. Acostumbrados a no discurrir, a no sentir nuestros abuelos por sí mismos, no permitían discurrir ni sentir a sus hijos. La educación escolástica de la universidad era la única que recibían los hombres; y si una niña salía del convento a los veinte años para dar su mano a aquel que le designaba el interés paternal, se decía que estaba bien criada; era bien criada si sacrificaba su porvenir al capricho o a la razón de Estado; si abrigaba un corazón franco y sensible; si, por desgracia, había osado ver más allá que su padre en el mundo, cerrábanse las puertas del convento para ella y había de elegir por fuerza al esposo divino, que la repudiaba o que no la llamaba a sí, por lo menos. Moratín quiso censurar este abuso, y asunto tan digno de él no podía menos de inspirarle una gran composición. De estas breves reflexiones se puede inferir que El sí de las niñas no es una de aquellas comedias de carácter, destinada, como El avaro o El hipócrita, a presentar eternamente al hombre de todos los tiempos y países un espejo en que vea y reconozca su extravío o su ridícula pasión; es una verdadera comedia de época en una palabra, de circunstancias enteramente locales, destinada a servir de documento histórico o de modelo literario. En nuestro entender, es la obra maestra de Moratín, y la que más títulos le granjea a la inmortalidad. (III-314)

La gravedad española

Los filósofos, moralistas y observadores, pudieran muy bien deducir extrañas consecuencias acerca de un pueblo, como el nuestro, que parece huir de toda pública diversión. ¿Tan grave y ensimismado es el carácter de este pueblo, que se avergüenza de abandonarse al regocijo cara a cara consigo mismo? Bien pudiera ser. ¿Nos sería lícito, a propósito de esto, hacer una observación singular, que acaso podrá no ser cierta, si bien no faltará quien la halle ben trovata? Parece que en los climas ardientes del Mediodía el hombre vive todo dentro de sí; su imaginación fogosa, emanación del astro que la abrasa, le circunscribe a un estrecho círculo de goces y placeres más profundos y más sentidos; sus pasiones más vehementes le hacen menos social; el italiano, sibarita, necesita aislarse con una careta en medio de la general alegría; al andaluz enamorado bástanle, no un libro, y un amigo, como decía Rioja, sino, unos ojos hermosos en que reflejar los suyos y una guitarra que tañer; el árabe impetuoso es feliz arrebatando por el desierto el ídolo de su alma a las ancas de su corcel; el voluptuoso asiático, para distraerse, se encierra en su harem. Los placeres grandes se ofenden de la publicidad, se deslíen; parece que ante ésta hay que repartir con los espectadores la sensación que se disfruta. Nótese la índole de los bailes nacionales. En el Norte de Europa y en los climas templados se hallarán los bailes generales casi. Acerquémonos al Mediodía: veremos aminorarse el número de los danzantes en cada baile. La mayor parte de los nuestros no han menester sino una o dos parejas; no bailan para los demás: bailan uno para otro. Desde este punto de vista, el teatro es apenas una pública diversión, supuesto que cada espectador de por sí no está en comunicación con el resto del público, sino con el escenario. (III-343 y 344)

Ventaja de las cosas a medio hacer

Suele decirse que nadie tiene más edad que la que representa, y esta es una de las muchas mentiras que corren acreditadas y recibidas en el mundo con cierto agradable barniz de verdad, y que entran en el círculo de todo aquello que sin ser vero, es, sin embargo, ben trovato. Si una mentira pudiese probar algo, ésta probaría una verdad, a saber, que no hay nada positivo, que no hay nada tal cual es, sino tal cual parece. Por el mismo estilo podría decirse que ciertos pueblos no envejecen, porque para envejecer es preciso vivir. He aquí la razón por qué siempre que yo me paro a mirar con reflexión nuestra España (que Dios guarde de sí misma sobre todo) suelo dirigirle mentalmente aquel cumplimiento tan usual entre gentes que se ven de tarde en tarde: «¡Hombre, por usted no pasan días!». Por nuestra patria efectivamente no pasan días; bien es verdad que por ella no pasa nada: ella es, por el contrario, la que suele pasar por todo. Así es que después de sus años mil, vésela de temporada en temporada aparecer joven y rozagante, como quien empieza a vivir de nuevo. Si la hubiésemos de comparar con algo, la compararíamos con esas viejas verdes que unos días se tiñen las canas y otros no: o con esos seres que pasan el invierno entre dos piedras en una aparente muerte, y que necesitan todo el Sol del mes de julio para empezar de rebullirse; o con la comparsa del célebre Robinsón, silbado años pasados en esta corte, que andaba dos pasos adelante y uno atrás, o con la casta Penélope, que deshacía de noche la tela que tramaba por el día; o con los gatos, en fin, de los cuales se dice que tienen mil vidas; si bien con una notable diferencia: éstos siempre caen de pie, y de la España no nos atreveríamos a decir claramente cómo cae siempre. En una palabra, se la puede comparar con todo y exactamente con nada.

No es esto que queramos hablar mal de España: mala ocasión escogeríamos, sobre todo cuando está casualmente en el día en que se tiñe las canas, en que se despereza y se rebulle, en que da el paso adelante, en que teje la tela, y en que se levanta renqueando de la última caída. Dios nos libre de semejante intención como de un manifiesto; nuestro objeto es retratarla, y aun hacerla favor si cabe. Es el mal que se escapa a la observación como el agua a la presión: piensa usted cogerlo por un lado, deslízase por otro; como esos calidoscopios fantasmagóricos que a cada movimiento presentan una figura distinta a la vista divertida; así nuestra patria ofrece unas veces encima unos colores y otras veces otros.

...

Hay quien cree que la felicidad es una de las muchas mentiras ben trovatas, como llevamos dicho, para nuestro consuelo: ya nos guardaremos nosotros de creer esto: y si en ninguna parte la vemos más que escrita, no será, sin duda, porque no exista, sino porque no se ha sabido dar con ella hasta la presente. Siempre resulta de lo dicho que por la España no pasan días: nuestra patria siempre la misma; siempre jugando a la gallina ciega con su felicidad: empeñada en atraparla, por el estilo de aquel loco, maniático por atraparse con la mano izquierda el dedo pulgar de la misma mano que tenía cogido con la derecha; y siempre más convencido la última vez que todas las anteriores.

Intrincado y oscuro laberinto le parecería a cualquiera nuestra felicidad. Habrá quien diga que de no haber hecho nunca las cosas claras y terminantes le viene el mal de haberse de contradecir... Pero, réstanos saber si es un mal el contradecirse; esto no está averiguado: decir siempre la verdad nos obligaría a decir siempre una misma cosa; esto sobre ser una pesadez insufrible nos conduciría a decirla todo de una vez. ¿Y después? No diríamos nada. Figúrese el lector qué vacío en una larga existencia. Decimos por el contrario una cosa hoy y otra mañana. ¡Figúrese el lector qué variedad! Hay tela cortada para toda la vida. Igual consecuencia sacamos respecto a hacer las cosas claras y terminantes. Nosotros estamos por las cosas oscuras: hablamos seriamente. En primer lugar, nadie nos negará una inmensa ventaja que sobre las cosas claras llevan las oscuras, a saber, que éstas se pueden aclarar. Hágalo usted todo de una vez; el día primero del año, por ejemplo. ¿Y los 364 restantes, qué hace usted? Holgar. Dios nos libre: la ociosidad es madre de todos los vicios. Si este es de todos los males el peor, vale más hacer mal y deshacer bien, que no hacer nada.

Para concluir, figurémonos por un momento que lo que vamos a hacer el año 34, porque yo creo que vamos a hacer algo, lo hubiéramos hecho de primeras el año 9, o el 14, o el 20. ¿Qué haríamos el 34? ¿Ser felices? ¡Brava ocupación! Hubiéramos vivido de entonces acá, hubiéramos envejecido en esta felicidad que vamos a atrapar precisamente ahora; en una palabra, hubieran pasado los días y las cosas por nosotros, en vez de pasar nosotros por los días y las cosas, y no estaríamos, como estamos, en los principios. ¡Espantosa perspectiva! Más sabios, por el contrario, nosotros dejamos siempre algo que hacer, algo oscuro que aclarar para mañana. ¡Ay de aquel día en que no haya nada que hacer, en que no haya nada que aclarar! (I-322 y 323)

Ansia de libertad y de alegría de vivir

...Demasiado poco despreocupados aún, en realidad nos da cierta vergüenza inexplicable de comer, de reír, de vivir en público; parece que se descompone y pierde su prestigio el que baile en un jardín, al aire libre, a la vista de todos. No nos persuadimos de que basta indagar y conocer las causas de esta verdad para desvanecer sus efectos. Solamente el tiempo, las instituciones, el olvido completo de nuestras costumbres antiguas, pueden variar nuestro oscuro carácter. ¿Qué tiene éste de particular en un país en que le ha formado tal una larga sucesión de siglos en que se creía que el hombre vivía para hacer penitencia?... ¿Qué, después de tantos años de gobierno inquisitorial? Después de tan larga esclavitud es difícil saber ser libre. Deseamos serlo, repetimos a cada momento; sin embargo, lo seremos de derecho mucho antes de que reine en nuestras costumbres, en nuestras ideas, en nuestro modo de ser y de vivir, la verdadera libertad. Y las costumbres no se varían en un día, desgraciadamente, ni con decreto, y más desgraciadamente aún, un pueblo no es verdaderamente libre mientras que la libertad no está arraigada en sus costumbres e identificada con ellas. (III-344)

La vida de Madrid

Muchas cosas me admiran en este mundo; esto prueba que mi alma debe pertenecer a la clase vulgar, al justo medio de las almas; solo a las muy superiores o a las muy estúpidas les es dado no admirarse de nada. Para aquéllas no hay cosa que valga algo; para éstas no hay cosa que valga nada. Colocada la mía a igual distancia de las unas y de las otras, confieso que vivo todo de admiración, y estoy tanto más distante de ellas cuanto menos concibo que se pueda vivir sin admirar. Cuando en un día de esos en que un insomnio prolongado o un contratiempo de la víspera preparan al hombre a la meditación, me paro a considerar el destino del mundo; cuando me veo rodando dentro de él con mis semejantes por los espacios imaginarios, sin que sepa nadie para qué ni adónde; cuando veo nacer a todos para morir y morir solo por haber nacido; cuando veo la verdad igualmente distante de todos los puntos del orbe donde se le anda buscando, y la felicidad siempre en casa del vecino, a juicio de cada uno; cuando reflexiono que no se le ve el fin a este cuadro halagüeño, que, según todas las probabilidades, tampoco tuvo principio; cuando pregunto a todos y me responde cada cual quejándose de su suerte; cuando contemplo que la vida es un amasijo de contradicciones, de llanto, de enfermedades, de errores, de culpas y de arrepentimientos, me admiro de varias cosas. Primera, del gran poder del Ser Supremo, que haciendo marchar el mundo de un modo dado, ha podido hacer que todos tengan deseos diferentes y encontrados, que no suceda más que una sola cosa a la vez, y que todos queden descontentos. Segunda, de su gran sabiduría en hacer corta la vida. Y tercera, en fin, y de ésta me asombro más que de las otras todavía, de ese apego que todos tienen, sin embargo, a esta vida tan mala. Esto último bastaría a confundir a un ateo, si un ateo, al serlo, no diese ya claras muestras de no tener su cerebro organizado para el convencimiento, porque solo un Dios, y un Dios todopoderoso, podía hacer amar una cosa como la vida.

Esto, considerada la vida en general, dondequiera que la tomemos por tipo: en las naciones civilizadas, en los países incultos, en todas partes, en fin. Porque en este punto me inclino a creer que el hombre variará de necesidades y se colocará en una escala más alta o más baja; pero en cuanto a su felicidad, nada habrá adelantado. Toda la diferencia entre el hombre ilustrado y el salvaje estará en los términos de su conversación. Lord Wellington hablará de los whigs; el indio nómada hablará de las panteras; pero iguales penas le acarreará a aquél el concluir con los primeros que a éste el dar caza a las segundas. La civilización le hará variar al hombre de ocupaciones y de palabras; de suerte, es imposible. Nació víctima y su verdugo le persigue enseñándole el dogal, así debajo del dorado artesón como debajo de la rústica techumbre de ramas. Pero si se considera luego la vida de Madrid, es preciso cerrar el entendimiento a toda reflexión para desearla. (III-370)

El positivismo del siglo

En el siglo XIX, siglo harto matemático y positivo; siglo del vapor; siglo en que los caminos de hierro pesan sobre la imaginación como un apagador sobre una luz; en que Anacreonte, con su barba bañada de perfumes, Petrarca, con sus eternos suspiros, y aun Meléndez, con todas sus palomas, harían un triste papel al lado, no de un Rothschild o un Aguado, pero aun de un mediano mecánico que supiese añadir un resorte a cien resortes anteriores; en un siglo en que se avergüenza uno de no haber inventado algún utensilio de hierro, en que no se puede hacer alarde de una pasión caballeresca o de una vida poética y contemplativa, sin ser señalado como un ser de otra especie por cien dedos especuladores; un siglo para el cual el amor es un negocio como otro cualquiera, de conveniencia y acomodo; en un siglo en que no se puede amar sin hacer reír, en que la ciencia está reducida a periódicos, la guerra a protocolos, el valor a disciplina, el talento a manufacturas, la literatura a declamaciones políticas, el teatro a decoraciones y a fioriture, no se nos diga que no hay argumentos nuevos para comedias. Molière no podía haber agotado estos asuntos. Un filarmónico ocupado todo el día en casar armonías y en combinar puntos, un diplomático redactando notas ambiguas, un periodista haciendo párrafos y colocando frases, un mecánico moviendo ruedas, son seres tan ridículos, por lo menos, como un poeta aparcando consonantes que tiren de una idea cual un juego de caballos de un carruaje. En este siglo, pues, Tanto vales cuanto tienes prometía una inmensa originalidad. Que el horrible es interesado, ciertamente ya estaba dicho; añadir que cuando tiene dinero todos le hacen buena cara y cuando es pobre todos le llaman pícaro, era verdad sabida en tiempo de Homero, porque está grabada en el corazón del hombre, animal perfecto, por otra parte; es verdad, en una palabra, que tiene olvidada todo rico y que todo pobre tiene presente.

Pero manifestar lo ridículo de un ser racional y poético como el hombre; de un ser espiritual, que se empeña en despojarse a sí mismo de su imaginación para limitar el círculo de sus goces, que se vuelve máquina él mismo a fuerza de hacer máquinas, y que no sabe dejar de creer en una divinidad, en un cielo, en una vida de gloria, de idealismo, sino para creer en lo que toca; de un ser, siempre extremado, que no puede abarcar en uno la imaginación y la habilidad; que ha de ser todo fanático, en el siglo XIV, o todo despreocupado, árido y desnudo, en el siglo XIX; de unos hombres que, como los israelitas, no saben dejar de creer en un Dios, de que son hechura, sino para creer en un becerro de oro, hechura suya; eso es lo que no está dicho ni está hecho; eso es lo que nos atrevimos a esperar de Tanto vales cuanto tienes, y eso, en fin, lo que queda por hacer, si es que hay un ingenio que se salve de la irrupción de las artes y del martilleo de las fábricas. (III-346)

El hombre, animal social

Es cosa generalmente reconocida que el hombre es animal social; y yo, que no concibo que las cosas puedan ser sino del modo que son; yo, que no creo que pueda suceder sino lo que sucede, no trato, por consiguiente, de negarlo. Puesto que vive en sociedad, social es, sin duda. No pienso adherirme a la opinión de los escritores malhumorados que han querido probar que el hombre habla por una aberración, que su verdadera posición es la de los cuatro pies y que comete un grave error en buscar y fabricarse todo género de comodidades, cuando pudiera pasar pendiente de las bellotas de una encina el mes, por ejemplo, en que vivimos. Hanse apoyado para fundar semejante opinión en que la sociedad le roba parte de su libertad, si no toda; pero tanto valdría decir que el frío no es cosa natural, porque incomoda. Lo más que concederemos a los abogados de la vida salvaje es que la sociedad es de todas las necesidades de la vida, la peor; eso, sí. Esta es una desgracia, pero en el mundo feliz que habitamos casi todas las desgracias son verdad; razón por la cual nos admiramos siempre que vemos tantas investigaciones para buscar ésta. A nuestro modo de ver no hay nada más fácil que encontrarla: allí donde está el mal, allí está la verdad. Lo malo es lo cierto. Solo los bienes son ilusión.

Ahora bien; convencidos de que todo lo malo es natural y verdad, no nos costará gran trabajo probar que la sociedad es natural, y que el hombre nació, por consiguiente, social; no pudiendo impugnar la sociedad, no nos queda otro recurso que pintarla.

De necesidad parece creer que al verse el hombre solo en el mundo, blanco inocente de la intemperie y de toda especie de carencias, trata de unir sus esfuerzos a los de su semejante para luchar contra sus enemigos, de los cuales el peor es la naturaleza entera; es decir, el que no puede evitar, el que por todas partes le rodea; que busque a su hermano (que así se llaman los hombres unos a otros, por burla sin duda) para pedirle su auxilio; de aquí podría deducirse que la sociedad es un cambio mutuo de servicios recíproco. Grave error, es todo lo contrario; nadie concurre a la reunión para prestarle servicios, sino para recibirlos de ella: es un fondo común donde acuden todos a sacar, y donde nadie deja sino cuando solo puede tomar en virtud de permuta. La sociedad es, pues, un cambio mutuo de perjuicios recíprocos. Y el gran lazo que la sostiene es, por una incomprensible contradicción, aquello mismo que parecería destinado a disolverla; es decir, el egoísmo. Descubierto ya el estrecho vínculo que nos reúne unos a otros en sociedad, excusado es probar dos verdades eternas, y por cierto consoladoras, que de él se deducen: primera, que la sociedad, tal cual es, es imperecedera, puesto que siempre nos necesitaremos unos a otros; segunda, que es franca, sincera y movida por sentimientos generosos, y en esto no cabe duda, puesto que siempre nos hemos de querer a nosotros mismos más que a los otros.

Averiguar ahora si la cosa pudiera haberse arreglado de otro modo, si el gran poder de la creación estaba en que no nos necesitásemos, y si quien ponía por base de todo el egoísmo, podía haberle sustituido el desprendimiento, ni es cuestión para nosotros, ni de estos tiempos, ni de estos países.

Felizmente no se llega al conocimiento de estas tristes verdades sino a cierto tiempo; en un principio, todos somos generosos aún, francos, amantes, amigos..., en una palabra, no somos hombres todavía; pero a cierta edad nos acabamos de formar, y entonces ya es otra cosa: entonces vemos por la primera vez, y amamos por la última. Entonces no hay nada menos divertido que una diversión; y si pasada cierta edad se ven hombres buenos todavía, esto está sin duda dispuesto así para que ni la ventaja cortísima nos quede de tener una regla fija a que atenernos, y con el fin de que puedan llevarse chasco hasta los más experimentados. (III-382 y 383)

Fuerza de la rutina

Habiendo de parapetarme en las costumbres, la primera idea que me ocurre es que el hábito de vivir en ellas y la repetición diaria de las escenas de nuestra sociedad nos impide muchas veces pararnos solamente a considerarlas, y casi siempre nos hace mirar como naturales cosas que en mi sentir no debieran parecérnoslo tanto. Las tres cuartas partes de los hombres viven de tal o cual manera porque de tal o cual manera nacieron y crecieron; no es una gran razón; pero está la dificultad que hay para hacer reformas; he aquí por qué las leyes difícilmente pueden ser otra cosa que el índice reglamentario y obligatorio de las costumbres; he ahí por qué caducan multitud de leyes que no se derogan; he aquí la clave de lo mucho que cuesta hacer libre por las leyes a un pueblo esclavo por sus costumbres. (III-407)

La pena de muerte

El hábito de la pena de muerte, reglamentada y judicialmente llevada a cabo en los pueblos modernos con un abuso inexplicable, supuesto que la sociedad al aplicarla no hace más que suprimir de su mismo cuerpo uno de sus miembros, es causa de que se oiga con la mayor indiferencia el fatídico grito que desde el amanecer resuena por las calles del gran pueblo y que uno de nuestros amigos acaba de poner atinadísimamente por estribillo a un trozo de poesía romántica:

para hacer bien por el alma del que van a ajusticiar.

(III-407 Y 408)

Aquellos tiempos...

En los tiempos de Iriarte y de Moratín, de Comella y del abate Cladera, cuando divididas las pandillas literarias se asestaban de librería a librería, de corral a corral, las burlas y los epigramas, la primera representación de una comedia (entonces todas eran comedias o tragedias) era el mayor acontecimiento de la España. El buen pueblo madrileño, a cuyos oídos no habían llegado aún, o de cuya memoria se habían borrado ya las encontradas voces de tiranía y libertad, hacía entonces la vista gorda sobre el gobierno. Su majestad cazaba en los bosques de El Pardo, o reventaba mulas en la trabajosa cuesta de La Granja; en la corte se intrigaba, poco más o menos como ahora, si bien con un tanto más de hipocresía; los ministros colocaban a sus parientes y a los de sus amigos; esto ha variado completamente; la clase media iba a la oficina; entonces un empleo era cosa segura, una suerte hecha: y el honrado, el heroico pueblo iba a los toros a llamar bribón a boca llena a Pepe-Hillo y Pedro Romero cuando el toro no se quería dejar matar a la primera. Entonces no había más guerra civil que los famosos bandos y parcialidades de chorizos y polacos. No se sospechaba siquiera que podía haber más derecho que el de tirar varias cáscaras de melón a un morcillero, y el de acompañar la silla de manos de la Rita Luna, de vuelta a su casa desde el teatro, lloviendo dulces sobre ella. En aquellos tiempos de tiranía y de inquisición había, sin embargo, más libertad; y no se nos tome esto en cuenta de paradojas; porque al fin se sabía por dónde podía venir la tempestad, y el que entonces la pagaba era por poco avisado. En respetando al rey y a Dios, respeto que consistía más bien en no acordarse de ambas majestades que en otra cosa, podía usted vivir seguro sin carta de seguridad y viajar sin pasaporte. Si usted quería escribir, imprimía y vendía cuanto a las manos se le viniese, y ahí están sino las obras de Saavedra, las del mismo Comella, las de Iriarte, las de Moratín, las poesías de Quintana, que escritas en nuestros días no podrían probablemente ver en muchos años la luz pública. Entonces ni había espías, ni menos policía: no le ahorcaban a usted hoy por liberal y mañana por carlista, ni al día siguiente por ambas cosas; tampoco había esta comezón que nos consume de ilustración y prosperidad; el que tenía un sueldo se tenía por bastante ilustrado, y el que se divertía alegremente se creía todo lo próspero posible. Y esto, pesado en la balanza de las compensaciones, es algo sin duda.

Había otra ventaja, a saber: que si no quería usted cavar tierra, ni servir al rey en las armas, cosas ambas un si es no es incómodas; si no quería usted quemarse las cejas sobre los libros de leyes o de medicina; si no tenía usted ramo ninguno de rentas donde meter la cabeza, ni hermana bonita, ni mujer amable, ni madre que lo hubiese sido; si no podía usted ser paje de bolsa de algún ministro o consejero, decía usted que tenía una estupenda vocación; vistiendo el tosco sayal tenía usted su vida asegurada, y dejando los estudios como fray Gerundio, se metía usted a predicador. El oficio en el día parece también haber perdido algunas de sus ventajas.

Por nuestros escritos conocerán nuestros lectores que no debimos nosotros alcanzar esos tiempos bienaventurados. Pero ¿quién no es hijo de alguien en el mundo? ¿Quién no ha tenido padres que se lo cuenten? (III-410)

Humorismos y filosofías acerca del duelo

En un siglo en que ya se ven las cosas tan claras y en que ya no es fácil abusar de nadie, en el Siglo de las Luces, una de las cosas sobre que está más fijada la pública opinión es el honor, quisicosa que, en el sentido que en el día le damos, no se encuentra nombrada en ninguna lengua antigua. Hijo este honor de la Edad Media y de la confluencia de los godos y los árabes, se ha ido comprendiendo y perfeccionando a tal grado, a la par de la civilización, que en el día no hay una sola persona que no tenga su honor a su manera: todo el mundo tiene honor. En los tiempos antiguos, tiempos de confusión y de barbarie, el que faltando a otro abusaba de cualquier superioridad que le daban las circunstancias o su atrevimiento, se infamaba a sí mismo, y sin hablar tanto de honor quedaba deshonrado. Ahora es enteramente al revés. Si una persona baja o mal intencionada le falta a usted, usted es el infamado. ¿Le dan a usted un bofetón? Todo el mundo le desprecia a usted, no al que le dio. ¿Le faltan a usted su mujer, su hija, su querida? Ya no tiene usted honor. ¿Le roban a usted? Usted robado queda pobre, y por consiguiente deshonrado. El que le robó, que quedó rico, es un hombre de honor. Va en el coche de usted y es un hombre decente, un caballero. Usted se quedó a pie, es usted gente ordinaria, canalla. ¡Milagros todos de la Ilustración!

En la historia antigua no se ve un solo ejemplo de un duelo. Agamenón injuria a Aquiles, y Aquiles se encierra en su tienda, pero no le pide satisfacción; Alcibiades alza el palo sobre Temístocles, y el gran Temístocles, según una expresión de nuestra moderna civilización, queda como un cobarde...

El duelo, en medio de la duración del mundo, es una invención de ayer; cerca de seis mil años se ha tardado en comprender que, cuando uno se porta mal con otro, le queda siempre un medio de enmendar el daño que le ha hecho y este medio es matarle. El hombre es lento en todos sus adelantos, y si bien camina indudablemente hacia la verdad, suele tardar en encontrarla. Pero una vez hallado el desafío, se apresuraron los reyes y los pueblos, visto, que era cosa buena, a erigirlo en ley, y por espacio de muchos siglos no hubo entre caballeros otra forma de enjuiciar y sentenciar el combate. El muerto, el caído era el culpable siempre en aquellos tiempos; la cosa no ha cambiado por cierto. Siguiendo, empero, el curso de nuestros adelantos, se fueron haciendo cabida los jueces en la sociedad, se levantó el edificio de los tribunales con su séquito de escribanos, notarios, autos, fiscales y abogados, que dura todavía y parece tener larga vida, y se convino en que el juicio de Dios (así se había llamado a los desafíos jurídicos, merced al empeño de mezclar constantemente a Dios en nuestras pequeñeces) era cosa mala. Los reyes entonces alzaron la voz en nombre del Altísimo y dijeron a los pueblos: «No más juicios de Dios; en lo sucesivo nosotros juzgaremos».

Prohibidos los juicios de Dios, no tardaron en prohibirse los duelos; pero si las leyes dijeron: «No os batiréis», los hombres dijeron: «No os obedeceremos» y un autor de muy buen criterio asegura que las épocas de rigurosa prohibición han sido las más señaladas por el abuso del desafío. Cuando los delitos llegan a ser de cierto bulto, no hay pena que los reprima. Efectivamente, decir a un hombre: «No te harás matar, pena de muerte», es provocarle a que se ría del legislador cara a cara; es casi tan ridículo como la pena de muerte establecida en algunos países contra el suicidio; sabia ley que determina que se quite la vida a todo el que se mate, sin duda para su escarmiento.

Se podría hacer la observación general de que solo se han obedecido en todos los tiempos las leyes que han mandado hacer a los hombres su gusto; las demás se han infringido y han acabado por caducar. El lector podrá sacar de esto alguna consecuencia importante. Efectivamente, al prohibir los duelos en distintas épocas, no se ha hecho más que lo que haría un jardinero que tirase la fruta queriendo acabarla; el árbol en pie todos los años volvería a darle nueva tarea.

Mientras el honor siga entronizado donde se le ha puesto; mientras la opinión pública valga algo, y mientras la ley esté de acuerdo con la opinión pública, el duelo será una consecuencia forzosa de esta contradicción social. Mientras todo el mundo se ría del que se deje injuriar impunemente, o del que acuda a un tribunal para decir: «Me han injuriado», será forzoso que todo agraviado elija entre la muerte y una posición ridícula en sociedad. (III-418 y 419)

Los calaveras

Es cosa que daría que hacer a los etimologistas y a los anatómicos de lenguas el averiguar el origen de la voz calavera en su acepción figurada, puesto que la propia no puede tener otro sentido que la designación del cráneo de un muerto, ya vacío y descarnado. Yo no recuerdo haber visto empleada esta voz como sustantivo masculino en ninguno de nuestros autores antiguos, y esto prueba que esta acepción picaresca es de uso moderno. La especie, sin embargo, de seres a que se aplica ha sido de todos los tiempos. El famoso Alcibiades era el calavera más perfecto de Atenas; el célebre filósofo que arrojó sus tesoros al mar, no hizo en eso más que una calaverada, a mi entender, de muy mal gusto; César, marido de todas las mujeres de Roma, hubiera pasado en el día por un excelente calavera; Marco Antonio, echando a Cleopatra por contrapeso en la balanza del destino del imperio, no podía ser más que un calavera; en una palabra, la suerte de más de un pueblo se ha decidido a veces por una simple calaverada. Si la historia, en vez de escribirse como un índice de los crímenes de los reyes y una crónica de unas cuantas familias, se escribiera con esta especie de filosofía, como un cuadro de costumbres privadas, se vería probada aquella verdad; y muchos de los importantes trastornos que han sembrado la faz del mundo, a los cuales han solido achacar grandes causas los políticos, encontrarían una clave de muy verosímil y sencilla explicación en las calaveradas.

Todos tenemos algo de calaveras, más o menos. ¿Quién no hace locuras y disparates alguna vez en su vida? ¿Quién no ha hecho versos, quién no ha creído en alguna mujer, quién no se ha dado malos ratos algún día por ella, quién no ha prestado dinero, quién no ha debido, quién no ha abandonado alguna cosa que le importase por otra que le gustase, quién no se casa, en fin?... Todos lo somos; pero así como no se llama locos sino a aquellos cuya locura no está en armonía con la de los más, así solo se llama calaveras a aquellos cuya serie de acciones continuadas son diferentes de las que los otros tuvieron en iguales casos.

El calavera se divide y subdivide hasta lo infinito, y es difícil encontrar en la naturaleza una especie que presente al observador mayor número de castas distintas: tienen todas, empero, un tipo común de donde parten, y en rigor solo dos son las calidades esenciales que determinan su ser y que las reúnen en una sola especie: en ellas se reconoce al calavera, de cualquier casta que sea.

1.º El calavera debe tener por base de su ser lo que se llama talento natural, por unos; despejo, por otros; viveza, por los más; entiéndase esto bien: talento natural; es decir, no cultivado. Esto se explica: toda clase de estudio profundo, o de extensa instrucción, sería algo demasiado pesado que se opondría a esa ligereza, que es una de sus más amables cualidades.

2.º El calavera debe tener lo que se llama en el mundo poca aprensión. No se interprete esto tampoco en mal sentido. Todo lo contrario. Esta poca aprensión es aquella indiferencia filosófica con que considera el qué dirán el que no hace más que cosas naturales, el que no hace cosas vergonzosas. Se reduce a arrostrar en todas nuestras acciones la publicidad, a vivir ante los otros, más para ellos que para uno mismo. El calavera es un hombre público cuyos actos todos pasan por el tamiz de la opinión, saliendo de él más depurados. Es un espectáculo cuyo telón está siempre descorrido; quítensele los espectadores, y adiós teatro. Sabido es que con mucha aprensión no hay teatro.

El talento natural, pues, y la poca aprensión, son las dos cualidades distintas de la especie: sin ellas no se da calavera. Un tonto, un timorato del qué dirán, no lo serán jamás. Sería tiempo perdido.

El viejo-calavera es planta como la caña, hueca y árida con hojas verdes. No necesitamos describirla, ni dar las razones de nuestro fallo. Recuerde el lector esos viejos que conocerá; un decrépito que persigue a las bellas, y se roza entre ellas como se arrastra un caracol entre las flores, llenándolas de baba; un viejo sin orden, sin casa, sin método... El joven al fin tiene delante de sí tiempo para la enmienda y disculpa en la sangre ardiente que corre por sus venas; el viejo calavera es la torre antigua y cuarteada que amenaza sepultar en su ruina la planta inocente que nace a sus pies; sin embargo, éste es el único a quien cuadraría el nombre de calavera. Vuelvo a pedir perdón; pero queremos hablar del calavera-cura. ¿Quién no conoce en el día algún sacerdote de esos que queriendo pasar por hombres despreocupados y limpiarse de la fama de carlistas, dan en el extremo opuesto; de esos que para exagerar su liberalismo y su ilustración empiezan por llorar su ministerio; a quienes se ve siempre alrededor del tapete y de las bellas en bailes y en teatros, y en todo paraje profano, vestidos siempre y hablando mundanamente; que hacen alarde de...? Pero nuestros lectores nos comprenden. Este calavera es detestable, porque el cura liberal y despreocupado debe ser el más timorato de Dios y el mejor morigerado. No creer en Dios y decirse su ministro, o creer en Él y faltarle descaradamente, son la hipocresía y el crimen más hediondos. Vale más ser cura carlista de buena fe.

La mujer-calavera es la mujer con poca aprensión y que prescinde del primer mérito de su sexo, de ese miedo a todo, que tanto la hermosea, cesa de ser mujer para ser hombre; es la confusión de los sexos, el único hermafrodita de la naturaleza; ¿qué deja para nosotros? La mujer, reprimiendo sus pasiones, puede ser desgraciada, pero no le es lícito ser calavera. Cuanto es interesante la primera, tanto es despreciable la segunda. (III-432 y 433; 437 y 438)

Modos de vivir que no dan de vivir

Considerando detenidamente la construcción moral de un gran pueblo, se puede observar que lo que se llama profesiones conocidas o carreras, no es lo que sostiene la gran muchedumbre; descártense los abogados y los médicos, cuyo oficio es vivir de los disparates y excesos de los demás; los curas, que fundan su vida temporal sobre la espiritual de los fieles; los militares, que venden la suya con la expresa condición de matar a los otros; los comerciantes, que reducen hasta los sentimientos y pasiones a valores de bolsa; los nacidos propietarios, que viven de heredar; los artistas, únicos que dan trabajo por dinero, etc., etc., y todavía quedará una multitud inmensa que no existirá de ninguna de esas cosas, y que, sin embargo, existirá; su número en los pueblos grandes es crecido; y esta clase de gentes no pudieran sentar sus reales en ninguna otra parte; necesitan el ruido y el movimiento, y viven, como el pobre del Evangelio, de las migajas que caen de la mesa del rico. Para ellos hay una rara superabundancia de pequeños oficios, los cuales, no pudiendo sufragar por sus cortas ganancias a la manutención de una familia, son más bien pretextos de existencia que verdaderos oficios; en una palabra, modos de vivir que no dan de vivir; los que lo profesan son, no obstante, como las últimas ruedas de una máquina que, sin tener a primera vista grande importancia, rotas y separadas del conjunto paralizan el movimiento. (III-440)

La democracia del trapo viejo

...Se puede comparar a la trapera con la muerte; en ella vienen a nivelarse todas las jerarquías, en su cesto vienen a ser iguales como en el sepulcro Cervantes y Avellaneda; allí, como en un cementerio, vienen a colocarse al lado los unos de los otros; los decretos de los reyes, las quejas del desdichado, los engaños del amor, los caprichos de la moda. La trapera, como la muerte, æquo pulsat pede pauperum tabernas regumque turres. Ambas echan tierra sobre el hombre oscuro y nada pueden contra el ilustre; ¡de cuántos bandos ha hecho justicia la primera! ¡de cuántas banderas la segunda! Todo se funde en uno dentro del cesto de la trapera. (III-442)

A un viajero inglés

¿Conque ha escrito usted en inglés un artículo combatiendo el mío? No dirá usted que no somos en España hospitalarios; ni se quejará usted, por cierto, de la parcialidad del director de *El Español*, que no contento con admitir artículos en oposición con sus doctrinas y redactores, hasta se los traduce a usted en castellano, ¡y en castellano de *El Español*! Sin duda, usted no ha querido abusar de su bondad, solicitando que antes de traducir al castellano su respuesta a mi artículo, le tradujeran mi artículo al inglés, con cuya diligencia acaso me hubiera usted entendido y nos hubiéramos ahorrado estas contestaciones; sin que esto sea, por mi parte, presumir de hallarme a la altura de entender a un inglés. La verdad del hecho es que yo escribía para España y no para Inglaterra; que al haber escrito para usted, mucho me hubiera mirado y remirado; y es, por tanto, grave injusticia que se nos venga la Inglaterra a medirnos aquí con el compás de su progreso, a nosotros, pobres neófitos de la libertad. Así es que estoy de acuerdo con el epígrafe de usted, que, sin duda, los traductores no acertaron a traducir —¡tal debe ser él de remontado!—, en el cual he venido a barruntar que se dice que saber poco es peligroso, cosa que había llegado ya a nuestra noticia en España, y que en caso de beber de esa fuente que cita, es preciso beber mucho. Confieso que en punto a beber, donde hay un inglés nos podemos quitar el sombrero los españoles de ambos hemisferios. Digo esto no tanto por ofender a nadie, cuanto porque es verdad reconocida, y desafíos aparte, porque debo confesar a usted que tengo más de hombre del pueblo que de miembro de ninguna Cámara, y me ahorcarían.

Chanzas aparte, debo empezar declarando a usted que respeto la patria de Bacon, de Shakespeare y de Byron, cuanto un demócrata puede respetar la cuna de la libertad política y civil y cuanto un pobre aficionado al saber puede respetar la nación del progreso. Sé poco, es verdad, y de ello no me avergüenzo, porque al fin, ¿qué es el saber humano, si el que más sabe, sabe que no sabemos nada? Y porque ese es mal que trataré de ir remediando todos los días, así movido de mi propia inclinación como de los buenos consejos de usted. Pero seamos claros. ¿Como cuánto tiempo puede hacer que salió de Inglaterra vuestra gracia? (y cuenta que no hablo de la que Dios le ha dado para escribir). Lo digo porque se me figura, por el contexto de su artículo, que no ha salido todavía de las costas de Albión. (XV-892 y 893)

El régimen penitenciario en España

En España siempre se ha preso y se ha deportado a quien se ha querido. Todavía hace meses se ha encontrado un hombre en las cárceles de Zaragoza que llevaba treinta y seis años de prisión, y para quien reinaba todavía Carlos IV, a pesar de la abdicación de Aranjuez, a pesar de Napoleón, a pesar de la cooperación de nuestra aliada la Inglaterra, a pesar de la Constitución del año 12, a pesar de la primera restauración, de la muerte del rey, de las amnistías, del siglo XIX, y del Estatuto Real. Por nuestras leyes, si un plebeyo saca por el vicario para casarse una hija de un caballero que se ampara, como menor, de la ley contra la tiranía de su padre, éste puede impedir, sin embargo, el matrimonio, por la desigualdad de clases. Ahora, en el tiempo de la libertad, se coge a un hombre del pueblo mendigando y se le mete por fuerza en San Bernardino, donde se le obliga a trabajar, donde está por fuerza. La sociedad puede declarar delito la vagancia y la mendicidad, y puede imponerle penas, siempre que a todo hombre que se presente pidiéndole trabajo, esa sociedad le dé trabajo; si dando trabajo a todo el que lo pida, queda todavía quien mendiga, puede imponerle la pena, pero no puede forzar a nadie a entrar en un establecimiento, porque el hombre tiene hasta el derecho de morirse de hambre y de no trabajar; en sí lleva la pena.

En España, las cárceles, los presidios, son casas de desmoralización y de crimen, donde el que entra una vez inocente o poco culpable, sale salteador de caminos o asesino. Y ¿a quién la responsabilidad sino la sociedad? (XV-893)

La defensa social

La sociedad se ve forzada a defenderse, ni más ni menos que el individuo, cuando se ve acometido; en esta verdad se funda la definición del delito y del crimen; en ella también el derecho que se adjudica la sociedad de declararlos tales y de aplicarles una pena. Pero la sociedad, al reconocer en una acción el delito o el crimen, y al sentirse por ella ofendida, no trata de vengarse, sino de prevenirse; no es tanto su objeto castigar simplemente, como escarmentar: no se propone por fin destruir al criminal, sino al crimen; hacer desaparecer al agresor, sino hacer la posibilidad de nuevas agresiones: su objeto no es diezmar la sociedad, sino mejorarla. Y al ejecutar su defensa, ¿qué derecho usa? El derecho del más fuerte. Apoderada del sospechado agresor, le es fuerza, antes de aplicarle la pena, verificar su agresión, convencerse a sí misma y convencerle a él. Para esto comienza por atentar a la libertad del sospechado, mal grave, pero inevitable; la detención previa es una contribución corporal que todo ciudadano debe pagar, cuando, por su desgracia, le toque; la sociedad, en cambio, tiene la obligación de aligerarla, de reducirla a los términos de indispensabilidad, porque pasados éstos comienza la detención a ser un castigo, y lo que es peor, un castigo injusto y arbitrario, supuesto que no es resultado de un juicio y de una condenación; en el intervalo que transcurre desde la acusación o sospecha hasta la aseveración del delito, la sociedad tiene, no derecho, pero necesidad de detener al acusado; y supuesto que impone esta contribución corporal por su bien, ella es la que está obligada a hacer de modo que la cárcel no sea una pena ya para el acusado, inocente o culpable: la cárcel no debe acarrear sufrimiento alguno, ni privación que no sea indispensable, ni mucho menos influir moralmente en la opinión del detenido.

De aquí la sagrada obligación que tiene la sociedad de mantener buenas casas de detención, bien montadas y bien cuidadas y la más sagrada todavía de no estancar en ellas al acusado.

Cualquiera de nuestros lectores que haya estado en la cárcel, cosa que le habrá sucedido por poco liberal que haya sido, se habrá convencido de que en este punto la sociedad a que pertenecernos conoce estas verdades y su importancia y en nada las contradice. Nuestras cárceles son un modelo. (III-504)

La envidia en España

No digo nada de la envidia. Francamente. Mirémonos despacio unos a otros. ¿A quién tener envidia? ¿Qué es ganga aquí? ¿Ser empleado? Un empleado es como camisa de pobre, que tira todo lo más de domingo a jueves. ¿Ser propietario? En España todos tienen su villa a orillas del camino. ¿Tener ejecutorias de nobleza? Es como poseer papel del Estado. ¿Ser liberal? Tal cual, teniendo casa en Canarias. ¿Ser ministro? Es casi mejor ser liberal. ¿Ser escritor? Es mejor ser ministro, como es mejor ser gato que ratón.

En una palabra: es preciso no tener sentido común para tener envidia en España.

El estudiante de la época

Si estudia usted por seguir carrera, ¡pardiez que me asombra la determinación! ¿Pues tiene usted más que matricularse en la universidad que a usted peor le parezca, que siempre será la primera que se le ocurra, y marcharse luego a la guerra, que es donde en el día se medra, y a los pocos años de andar siguiendo a Gómez le abonan a usted las campañas por cursos, como está mandado, y queda usted hecho médico o abogado o lo que a usted más le agrade, y mata usted así dos pájaros de una pedrada? ¿Ni qué cartera quiere usted más lucida ni que más se asemeje por lo rápida a una carrera de caballo, que la que ya tiene con tan buenos auspicios empezada? ¿Pues no es usted ya periodista? ¿Qué otra cosa han sido hombres que hemos visto llegar al ministerio y arrellanarse en la silla, como quien llega a la posada y se acuesta? Apéese usted, santo varón, de esa burra, donde lo ve todo, efectivamente, al revés, y vea las cosas y los libros en este país, claras aquéllas, como yo se las refiero, y claros éstos, como generales y oradores. (III-555)

Amor a la libertad

Amo la libertad con la misma vehemencia con que aborrezco la estrecha esclavitud del claustro; sí, la amo con frenesí, sin límites. La vida me es menos grata que la libertad; el aire que respiro es menos necesario a mi existencia. Considerad, pues, ahora que, si he podido mentir por gozar de ella en secreto, todos los suplicios del mundo no me harán vacilar para defenderla a viva fuerza. (VIII-695)

...El cuarto de hora de la mujer

Dícese comúnmente que las mujeres tienen un cuarto de hora en gran manera útil de adivinar, lo cual es compararlas con los leones, que tienen también todos los días su rato de calentura; nosotros las respetamos demasiado para adoptar semejantes vulgaridades, y siempre las preferimos a los mismos leones, aunque se diga de éstos que son los reyes de los animales, pues nosotros creemos que son más bien los animales de los reyes. Son bichos caros para bolsillos comunes, y así solo las testas coronadas los pueden mantener, único punto en que, a nuestro entender, se parecen a las mujeres. Nosotros también tenemos nuestro cuarto de hora; solo que nuestro cuarto de hora no es de calentura, como el del león, sino de verdad, como el de la mujer... (III-565)

La nochebuena. Delirio filosófico

El número 24 me es fatal: si tuviera que probarle diría que en día 24 nací. Doce veces al año amanece sin embargo día 24: soy supersticioso, porque el corazón del hombre necesita creer algo, y cree mentiras cuando no encuentra verdades que creer; sin duda por esa razón creen los amantes, los casados y los pueblos, a sus ídolos, a sus consortes y a sus gobiernos; y una de mis supersticiones consiste en creer que no puede haber para mí un día 24 bueno. El día 23 es siempre en mi calendario víspera de desgracia, y a imitación de aquel jefe de policía ruso que mandaba tener prontas las bombas las vísperas de incendios, así yo desde el 23 me prevengo para el siguiente día de sufrimiento y de resignación, y en dando las doce ni tomo vaso en mi mano por no romperle, ni apunto carta por no perderla, ni enamoro a mujer porque no me diga que sí, pues en punto a amores tengo otra superstición: imagino que la mayor desgracia que a un hombre le puede suceder es que una mujer le diga que le quiere. Si no la cree es un tormento, y si la cree... ¡Bienaventurado aquel a quien la mujer dice no quiero, porque ese a lo mejor oye la verdad!

El último día 23 del año 1836 acababa de expirar en la muestra de mi péndola, y consecuente en mis principios supersticiosos, ya estaba yo agachado esperando el aguacero y sin poder conciliar el sueño. Así pasé las horas de la noche, más largas para el triste desvelado que una guerra civil; hasta que por fin la mañana vino con paso de intervención, es decir, lentísimamente, a teñir de púrpura y rosa las cortinas de mi estancia.

El día anterior había sido hermoso, y no sé por qué me daba el corazón que el día 24 había de ser día de agua. Fue peor todavía: amaneció nevando. Miré el termómetro, y marcaba muchos grados bajo cero; como el crédito del Estado.

Resuelto a no moverme porque tuviera que hacerlo todo la suerte este mes, incliné la frente, cargada como el cielo, de nubes frías, apoyé los codos en mi mesa, y paré tal que cualquiera me hubiera reconocido por escritor público en tiempo de libertad de imprenta, o me hubiera tenido por miliciano nacional citado para un ejercicio. Ora vagaba mi vista sobre la multitud de artículos y folletos que yacen empezados y no acabados ha más de seis meses sobre mi mesa, y de que solo existen los títulos como esos nichos preparados en los cementerios que no aguardan más que el cadáver; comparación exacta, porque en cada artículo entierro una esperanza o una ilusión. Ora volvía los ojos a los cristales de mi balcón; veíales empañados y como llorosos por dentro: los vapores condensados se deslizaban a manera de lágrimas a lo largo del diáfano cristal; así se empaña la vida, pensaba; así el frío exterior del mundo condensa las penas en el interior del hombre, así caen gota a gota las lágrimas sobre el corazón. Los que ven de fuera los cristales, los ven tersos y brillantes; los que ven solo los rostros, los ven alegres y serenos...

Haré merced a mis lectores de las más de mis meditaciones; no hay periódicos bastantes en Madrid, acaso no hay lectores bastantes tampoco. Dichoso el que tiene oficina, dichoso el empleado aún sin sueldo o sin cobrarlo, que es lo mismo: al menos no está obligado a pensar, puede fumar, puede leer la Gaceta!

«¡Las cuatro! ¡La comida!» —me dijo una voz de criado, una voz de entonación servil y sumisa; en el hombre que sirve, hasta la voz parece pedir permiso para sonar. Esta palabra me sacó de mi estupor, e involuntariamente iba a exclamar como don Quijote: «Come, Sancho hijo, come, tú que no eres caballero andante y que naciste para comer»; porque al fin los filósofos, es decir, los desgraciados, podemos no comer, pero los criados de los filósofos... Una idea más luminosa me ocurrió: era día de Navidad. Me acordé de que en sus famosas saturnales los romanos trocaban los papeles y que los esclavos podían decir la verdad a sus amos. Costumbre humilde, digna del cristianismo. Miré a mi criado y dije para mí: «Esta noche me dirás la verdad». Saqué de mi gaveta unas monedas; tenían el busto de los monarcas de España, cualquiera diría que son retratos; sin embargo, eran artículos de periódico. Las miré con orgullo: «Come y bebe de mis artículos —añadí con desprecio—: solo en esa forma, solo por medio de ese estratagema se pueden meter los artículos en el cuerpo de ciertas gentes». Una risa estúpida se dibujó en la fisonomía de aquel ser que los naturalistas han tenido la bondad de llamar racional solo porque lo han visto hombre. Mi criado se rió. Era aquella risa el demonio de la gula que reconocía su campo.

Tercié la capa, calé el sombrero, y en la calle.

¿Qué es un aniversario? Acaso un error de fecha. Si no se hubiera compartido el año en trescientos sesenta y cinco días, ¿qué sería de nuestro aniversario? Pero al pueblo le han dicho: «Hoy es un aniversario»: y el pueblo ha respondido: «Pues si es un aniversario, comamos, y comamos doble». ¿Por qué come hoy más que ayer? O ayer pasó hambre u hoy pasará indigestión. Miserable humanidad, destinada siempre a quedarse más acá o ir más allá.

Hace mil ochocientos treinta y seis años nació el Redentor del mundo; nació el que no reconoce principio, y el que no reconoce fin; nació para morir. Sublime misterio.

¿Hay misterio que celebrar? «Pues comamos», dice el hombre; no dice: «Reflexionemos». El vientre es el encargado de cumplir con las grandes solemnidades. El hombre tiene que recurrir a la materia para pagar las deudas del espíritu. ¡Argumento terrible en favor del alma!

Para ir desde mi casa al teatro es preciso pasar por la plaza tan indispensablemente como es preciso pasar por el dolor para ir desde la cuna al sepulcro. Montones de comestibles acumulados, risa y algazara, compra y venta, sobras por todas partes, y alegría. No pudo menos de ocurrirme la idea de Bilbao: figuróseme ver de pronto que se alzaba por entre las montañas de víveres una frente altísima y extenuada: una mano seca y roída llevaba a una boca cárdena, y negra de morder cartuchos, un manojo de laurel sangriento. Y aquella boca no hablaba. Pero el rostro entero se dirigía a los bulliciosos liberales de Madrid, que traficaban. Era horrible el contraste de la fisonomía escuálida y de los rostros alegres. Era la reconvención y la culpa, aquélla agria y severa, ésta indiferente y descarada.

Todos aquellos víveres han sido aquí traídos de distintas provincias para la colocación cristiana de una capital. En una cena de ayuno se come una ciudad a las demás.

¡Las cinco!, hora del teatro: el telón se levanta a la vista de un pueblo palpitante y bullicioso. Dos comedias de circunstancias, o yo estoy loco. Una representación en que los hombres son mujeres y las mujeres hombres. He aquí nuestra época y nuestras costumbres. Los hombres ya no saben sino hablar como las mujeres, en congresos y en corrillos. Y las mujeres son hombres, ellas son las únicas que conquistan. Segunda comedia: un novio que no ve el logro de su esperanza; ese novio es el pueblo español: no se casa con un solo gobierno con quien no tenga que reñir al día siguiente. Es el matrimonió repetido al infinito.

Pero las orgías llaman a los ciudadanos. Ciérranse las puertas, ábrense las cocinas. Dos horas, tres horas, y yo rondo de calle en calle a merced de mi pensamiento. La luz que ilumina los banquetes viene a herir mis ojos por las rendijas de los balcones; el ruido de los panderos y de la bacanal que estremece los pisos y las vidrieras se abre paso hasta mis sentidos, y entra en ellos como cuña a mano, rompiendo y desbaratando.

Las doce van a dar: las campanas que ha dejado la junta de enajenación en el aire, y que en estar todavía en el aire se parecen a todas nuestras cosas, citan a los cristianos al oficio divino. ¿Qué es esto? ¿Va a expirar el 24, y no me ha ocurrido en él más contratiempo que mi mal humor de todos los días? Pero mi criado me espera en mi casa; como espera la cuba al catador, llena de vino; mis artículos, hechos moneda, mi moneda hecha mosto se ha apoderado del imbécil como imaginé, y el asturiano ya no es hombre; es todo verdad.

Mi criado tiene de mesa lo cuadrado y el estar en talla al alcance de la mano. Por tanto es un mueble cómodo; su color es el que indica la ausencia completa de aquello con que se piensa, es decir, que es bueno; las manos se confundirían con los pies, si no fuera por los zapatos, y porque anda casualmente sobre los últimos; a imitación de la mayor parte de los hombres, tiene orejas que están a uno y otro lado de la cabeza como los floreros en una consola, de adorno, o como los balcones figurados, por donde no entra ni sale nada; también tiene dos ojos en la cara; él cree ver con ellos, ¡qué chasco se lleva! A pesar de esta pintura, todavía sería difícil reconocerle entre la multitud, porque al fin no es sino un ejemplar de la grande edición hecha por la Providencia de la humanidad, y que yo comparo de buena gana con las que suelen hacer los autores: algunos ejemplares de regalo finos y bien empastados; el surtido todo igual, ordinario y a la rústica.

Mi criado pertenece al surtido. Pero la Providencia, que se vale para humillar a los soberbios de los instrumentos más humildes, me reservaba en él mi mal rato del día 24. La verdad me esperaba en él y era preciso oírla de sus labios impuros. La verdad es como el agua filtrada, que no llega a los labios sino al través del cieno. Me abrió mi criado, y no tardé en reconocer su estado.

—Aparta, imbécil —exclamé empujando suavemente aquel cuerpo sin alma que en uno de sus columpios se venía sobre mí.

—¡Oiga!, está ebrio. ¡Pobre muchacho! ¡Da lástima!

Me entré de rondón a mi estancia; pero el cuerpo me siguió con un rumor sordo e interrumpido; una vez dentro los dos, su aliento desigual y sus movimientos violentos apagaron la luz; una bocanada de aire colada por la puerta al abrirme, cerró la de mi habitación, y quedamos dentro casi a oscuras yo y mi criado, es decir, la verdad y Fígaro, aquélla en figura de hombre beodo arrimado a los pies de mi cama para no vacilar, y yo a su cabecera, buscando inútilmente un fósforo que nos iluminase.

Dos ojos brillaban como dos llamas fatídicas enfrente de mí: no sé por qué misterio mi criado encontró entonces, y de repente, voz y palabras, y habló y raciocinó: misterios más raros se han visto acreditados: los fabulistas hacen hablar a los animales, ¿por qué no he de hacer yo hablar a mi criado? Oradores conozco yo de quienes hace algún tiempo no hubiera hecho una pintura más favorable que de mi astur, y que han roto, sin embargo, a hablar, y los oye el mundo y los escucha, y nadie se admira.

En fin, yo cuento un hecho: tal me ha pasado: no escribo para los que dudan de mi veracidad: el que no quiera creerme puede doblar la hoja: eso se ahorrará tal vez de fastidio; pero una voz salió de mi criado, y entre ella y la mía se estableció el siguiente diálogo:

—Lástima —dijo la voz, repitiendo mi piadosa exclamación—. ¿Y por qué me has de tener lástima, escritor? Yo a ti, ya lo entiendo.

—¿Tú a mí? —pregunté sobrecogido ya por un terror supersticioso; y es que la voz empezaba a decir verdad.

—Escucha: tú vienes triste como de costumbre; yo estoy más alegre que suelo. ¿Por qué ese color pálido, ese rostro deshecho, esas hondas y verdes ojeras que ilumino como mi luz al abrirte todas las noches? ¿Por qué esa distracción constante y esas palabras vagas e interrumpidas de que sorprendo todos los días fragmentos errantes sobre tus labios? ¿Por qué te vuelves y te revuelves en tu mullido lecho como un criminal, acostado con su remordimiento, en tanto que yo ronco sobre mi tosca tarima? ¿Quién debe tener lástima a quién? No pareces criminal; la justicia no te prende al menos; verdad es que la justicia no prende sino a los pequeños criminales, a los que roban con ganzúas o a los que matan con puñal; pero a los que arrebatan el sosiego de una familia seduciendo a la mujer casada o a la hija honesta, a los que roban con los naipes en la mano, a los que matan una existencia con una palabra dicha al oído, con una carta cerrada, a esos ni los llama la sociedad criminales, ni la justicia los prende, porque la víctima no arroja sangre, ni manifiesta herida, sino agoniza lentamente consumida por el veneno de la pasión, que su verdugo le ha propinado. ¡Qué de tísicos han muerto asesinados por una infiel, por un ingrato, por un calumniador! Los entierran; dicen que la cura no ha alcanzado y que los médicos no la entendieron. Pero la puñalada hipócrita alcanzó e hirió el corazón. Tú acaso eres de esos criminales y hay un acusador dentro de ti, y ese frac elegante y esa media de seda, y ese chaleco de tisú de oro que yo te he visto, son tus armas maldecidas.

—Silencio, hombre borracho.

—No; has de oír al vino una vez que habla. Acaso ese oro que a fuer de elegante has ganado en tu sarao y que vuelcas con indiferencia sobre tu tocador, es el precio del honor de una familia. Acaso ese billete que desdoblas es un anónimo embustero que va a separar de ti para siempre la mujer que adorabas; acaso es una prueba de la ingratitud de ella o de su perfidia.

Más de uno te he visto morder y despedazar con tus uñas y tus dientes en los momentos en que el buen tono cede el paso a la pasión y a la sociedad.

Tú buscas la felicidad en el corazón humano, y para eso le destrozas, hozando en él, como quien remueve la tierra en busca de un tesoro. Yo nada busco, y el desengaño no me espera a la vuelta de la esperanza. Tú eres literato y escritor; y ¡qué tormenta no te hace pasar tu amor propio, ajado diariamente por la indiferencia de unos, por la envidia de otros, por el rencor de muchos! Preciado de gracioso, harías reír a costa de un amigo, si amigos hubiera, y no quieres tener remordimiento. Hombre de partido, haces la guerra a otro partido; o cada vencimiento es una humillación, o compras la victoria demasiado cara para gozar de ella. Ofendes y no quieres tener enemigos. ¿A mí quién me calumnia?, ¿quién me conoce? Tú me pagas un salario bastante a cubrir mis necesidades; a ti te paga el mundo como paga a los demás que le sirven. Te llamas liberal y despreocupado, y el día que te apoderes del látigo azotarás como te han azotado. Los hombres de mundo os llamáis hombres de honor y de carácter, y a cada suceso nuevo cambiáis de opinión, apostatáis de vuestros principios. Despedazado siempre por la sed de gloria, inconsecuencia rara, despreciarás acaso a aquellos para quienes escribes y reclamas con el incensario en la mano su adulación: adulas a tus lectores para ser de ellos adulado, y eres también despedazado por el temor, y no sabes si mañana irás a coger tus laureles a las Baleares o a un calabozo.

—¡Basta, basta!

—Concluyo; yo, en fin, no tengo necesidades; tú, a pesar de tus riquezas, acaso tendrás que someterte mañana a un usurero para un capricho innecesario, porque vosotros tragáis oro, o para un banquete de vanidad en que cada bocado es un tósigo. Tú lees día y noche buscando la verdad en los libros hoja por hoja, y sufres de no encontrarla ni escrita. Ente ridículo, bailas sin alegría; tu movimiento turbulento es el movimiento de la llama, que, sin gozar ella, quema. Cuando yo necesito de mujeres, echo mano de mi salario, y las encuentro fieles por más de un cuarto de hora; tú echas mano de tu corazón, y vas y lo arrojas a los pies de la primera que pasa, y no quieres que lo pise y lo lastime, y le entregas ese depósito sin conocerla. Confías tu tesoro a cualquiera por su linda cara, y crees porque quieres; y si mañana tu tesoro desaparece, llamas ladrón al depositario, debiendo llamarte imprudente y necio a ti mismo.

—Por piedad, déjame, voz del infierno.

—Concluyo: inventas palabras y haces de ellas sentimientos, ciencias, artes, objetos de existencia. Política, gloria, saber, poder, riqueza, amistad, amor. Y cuando descubres que son palabras, blasfemas y maldices. En tanto, el pobre asturiano come, bebe y duerme, y nadie le engaña, y si no es feliz, no es desgraciado; no es al menos hombre de mundo, ni ambicioso ni elegante, ni literato ni enamorado. Ten lástima ahora al pobre asturiano. Tú me mandas, pero no te mandas a ti mismo. Tenme lástima, literato. Yo estoy ebrio de vino, es verdad; pero tú lo estás de deseos y de impotencia...

Un renco sonido terminó el diálogo; el cuerpo, cansado del esfuerzo, había caído al suelo; el órgano de la Providencia había callado, y el asturiano roncaba. «¡Ahora te conozco —exclamé—, día 24!»

Una lágrima preñada de horror y desesperación surcaba mi mejilla, ajada ya por el dolor. A la mañana, amo y criado yacían: aquél, en el lecho; éste, en el suelo. El primero tenía todavía abiertos los ojos y los clavaba con delirio y con delicia en una caja amarilla, donde se leía mañana. ¿Llegará ese mañana fatídico? ¿Qué encerraba la caja? En tanto, la noche buena era pasada, y el mundo todo, a mis barbas, cuando hablaba de ella, la seguía llamando noche buena. (III-548, 549, 550, 551 y 552)

II. Historia y psicología nacionales

España, palenque de ajenas disputas

Nada nos queda nuestro sino el polvo de nuestros antepasados, que hollamos con planta indiferente; segunda Roma en recuerdos antiguos y en nulidad presente, tropezamos en nuestra marcha adondequiera que nos volvamos con rastros de grandeza pasada, con ruinas gloriosas, si puede haber ruinas que hagan honor a un pueblo; pero así tropezamos con ellas como tropieza el imbécil moscardón con el diáfano cristal, que no acierta a distinguir de la atmósfera que le rodea. Es demasiado cierto que solo el orgullo nacional hace emprender y llevar a cabo cosas grandes a las naciones, y ese orgullo ha debido morir en nuestros pechos. juguete hace años de la intriga extranjera, nuestro suelo, es el campo de batalla de los demás pueblos; aquí vienen los principios encontrados a darse el combate; desde Bonaparte, desde Trafalgar, la España es el Bois de Boulogne de los desafíos europeos. La Inglaterra, el gran cetáceo, el coloso de la mar, necesitó medir sus fuerzas con el grande hombre, con el coloso de la tierra, y uno y otro exclamaron: Nos falta terreno; ¿dónde reñiremos? Y se citaron para España. Ventilada la cuestión, aniquilado el vencido, acudieron los amigos del vencedor y reclamaron la parte en el despojo. El huésped que había prestado su casa para la acerba entrevista reclamó siquiera el premio de su cooperación; y ¿qué le quedó? Lo que puede quedarle al campo de batalla: los cadáveres, el espectáculo de los buitres, y un letrero encima: Aquí fue la riña.

La América devolvió a su conquistadora, con creces y con usura, el principio democrático, cuyo germen le había lanzado imprudentemente la Europa de Luis XVI y Carlos IV. El grito resonó desde las columnas de Hércules hasta las orillas del Rin; los pueblos solevantaron sus cabezas e hicieron vacilar los tronos que pesaban sobre ellos; la degradada Italia intentó dar de mano aquí y allí a sus muelles ocupaciones artísticas, y espasmos políticos se hicieron sentir hasta en el Etna, que pareció querer vomitar otra cosa que llamas fatuas y tibias cenizas. El Norte hubo de desenvainar la espada de Waterloo, y lanzó contra el principio democrático el credo de la Santa Alianza. Pero ¿dónde pelearemos?, se dijeron. Nuestras campiñas son fértiles, nuestros pueblos están llenos; ¿dónde hay un palenque vacío para la disputa? Y también se citaron en España. Pero esta vez no hubo necesidad de combate; los buitres, citados por el rumor de la próxima pelea, vinieron, y no pudiendo repartirse los muertos, se repartieron los vivos.

Más tarde, el derecho divino y la legitimidad por la gracia de Dios, han necesitado reunir sus últimas fuerzas para dar combate al derecho del hombre y la legitimidad por la gracia del pueblo, y esta última vez no ha sido necesario ya traer los principios al palenque; ellos han nacido en su terreno: el Norte y los torys, el Mediodía y los whigs han acudido al primer silbido de Watman, del hombre de la noche, y las provincias vírgenes de España han visto su velo desgarrado, y profanado su seno, que habían respetado los romanos y los godos, los hijos de Carlos Martel y los nietos de Omar, por las sangrientas manos de los liberales y de los carlistas. De tradición antigua es la España el palenque de las disputas ajenas: la España no ha visto limpio su suelo de las armas extranjeras, sino cuando ha empuñado el tizón de la discordia y cuando le ha lanzado con la atrevida mano de Carlos I en los demás pueblos, porque antes de ese corto período de conquista, ¿dónde sino en España ventilaron sus cuestiones Roma y Cartago, la cruz y la media Luna, la Europa y el Asia? (III-545)

Principio fatal en la psicología de los pueblos

Es una verdad eterna: las naciones tienen en sí un principio de vida que creciendo en su seno se acumula y necesita desparramarse a lo exterior; las naciones, como los individuos, sujetos a la gran ley del egoísmo, viven más que de su vida propia de la vida ajena que consumen, y ¡ay del pueblo que no desgasta diariamente con su roce superior y violento los pueblos inmediatos, porque será desgastado por ellos! O atraer o ser atraído. Ley implacable de la naturaleza: o devorar o ser devorado. Pueblos e individuos; o víctimas o verdugos. Y hasta en la paz, quimérica utopía no realizada todavía, en la continua lucha de los seres; hasta en la paz devoran los pueblos, como el agua mansa socava su cauce, con más seguridad, si no con tanto estruendo, como el torrente.

El pueblo que no tiene vida sino para sí; el pueblo que no abruma con el excedente de la suya a los pueblos vecinos, está condenado a la oscuridad; y donde no llegan sus armas, no llegarán sus letras; donde su espada no deje un rasgo de sangre, no imprimirá tampoco su pluma ni un carácter solo, ni una frase, ni una letra.

Volvieran, si posible fuese, nuestras banderas a tremolar sobre la torre de Amberes y las siete colinas de la ciudad espiritual; dominara de nuevo el pabellón español el Golfo de México y las sierras de Arauco, y tornáramos los españoles a dar leyes, a hacer Papas, a componer comedias y a encontrar traductores. Con los Fernández de Córdoba, con los Espínolas, los Albas y los Toledos, tornaran los López, los Ercillas y los Calderones.

Entretanto (si tal vuelta pudiese estarnos reservada en el porvenir y si un pueblo estuviese destinado a tener dos épocas viriles en una sola vida), renunciemos a crear, despojémonos de las glorias literarias como de la preponderancia política y militar nos ha desnudado la sucesión de los tiempos. (III-546)

Nobleza antigua y nobleza nueva

La revolución francesa derribó la antigua nobleza y mató el prestigio hereditario; el hombre del siglo necesitó rodearse de una nobleza por dos razones: primera, porque habiendo dado en el capricho de descender y de trocar su corona de laurel por la de oro, le era necesario adaptarse a la pequeñez humana, creándose un palacio, y, por consiguiente, hubo de alhajarle con todo el ornato y mueblaje de tal; es decir, con palaciegos. Segunda, porque si el prestigio hereditario puede ser un absurdo, las diferencias de clases no lo son; están en la naturaleza, donde no existen dos pueblos, dos ríos, dos árboles, dos hojas de un árbol iguales; ni se concibe de otra manera un orden de cosas cualquiera: monarquías y repúblicas, todas las formas de gobierno sucumben en este particular a la gran ley de la desigualdad establecida en la naturaleza, por la cual un terreno da dos cosechas cuando otro no da ninguna; por la cual un hombre da ideas mientras otro no da sino sandeces; por la cual unos son fuertes mientras son débiles otros; ley preciosa, única garantía de alguna especie de orden con que selló la Providencia su obra, ley por la cual, ahora como antes, después como ahora, la superioridad, la fuerza, el mérito o la virtud se sobrepondrán siempre en la sociedad a la multitud para sujetarla y presidirla.

Y esta fue, precisamente, la única aristocracia que el hombre del siglo admitió, suplantando la antigua nobleza hereditaria con la nobleza de sus compañeros de armas, cuyos pergaminos había ido hallando, cada cual en los campos de batalla. (III-539 y 540)

El clima y los hombres

Razón han tenido hoy los que han atribuido al clima influencia directa en las acciones de los hombres. Duros guerreros ha producido siempre el Norte; tiernos amadores el Mediodía; hombres crueles, fanáticos y holgazanes el Asia; héroes la Grecia, esclavos el África; seres alegres e imaginativos el risueño cielo de Francia; meditabundos aburridos el nebuloso Albión. Cada país tiene sus producciones particulares; he aquí por qué son famosos los melocotones de Aragón, la fresa de Aranjuez, los pimientos de Valencia y los facciosos de Roa y de Vizcaya. (III-300)

Los facciosos, producción española

Hay en España muchos terrenos que producen ricos facciosos con maravillosa fecundidad; país hay que da en un solo año dos o tres cosechas; puntos conocemos donde basta dar una patada en el suelo y a un volver de cabeza nace un faccioso. Nada debe admirar, por otra parte, esta rara fertilidad, si se tiene presente que el faccioso es fruto que se cría sin cultivo, que nace solo y silvestre entre matorrales, y que así se aclimata en los llanos como en los altos: que se trasplanta con facilidad y que es tanto más robusto y rozagante cuanto más lejos está de población. Esto no es decir que no sea también en ocasiones planta doméstica: en muchas casas los hemos visto y los vemos diariamente, como los tiestos en los balcones, y aún sirven para dar olor fuerte en cafés y paseos. El hecho es que en todas partes se crían; solo el orden y el esmero perjudican mucho a la cría del faccioso, y la limpieza y el olor de la pólvora, sobre todo, le matan. El faccioso participa de las propiedades de muchas plantas; huye, por ejemplo, como la sensitiva al irle a echar mano; se encierra y esconde como la capuchina a la luz del Sol, y se desparrama de noche; carcome y destruye como la ingrata hiedra el árbol a que se arrima; tiende sus brazos como toda planta parásita para buscar puntos de apoyo; gústanle, sobre todo, las tapias de los conventos, y se mantiene, como esos frutos, de lo que coge a los demás; produce lluvia de sangre como el polvo germinante de muchas plantas, cuando lo mezclan las auras, a una leve lluvia de otoño; tiene el olor de la asafétida, y es vano como la caña; nace como el cedro en la tempestad, y suele criarse escondido en la tierra como la patata; pelecha en las ruinas como el jaramago; pica como la cebolla, y tiene más dientes que el ajo, pero sin tener cabeza; cría, en fin, mucho pelo como el coco, cuyas veces hace en ocasiones.

Es planta peculiar de España, y moderna, que en lo antiguo, o se conocía poco, o no se conocía por ese nombre: la verdad es que ni habla de ella Estrabón, ni Aristóteles, ni Dioscórides, ni Plinio el joven, ni ningún geógrafo, filósofo ni naturalista, en fin, de algunos siglos de fecha.

En cuanto a su figura y organización, el faccioso es en el reino vegetal la línea divisoria con el animal, y así como la mona es en éste el ser que más se parece al hombre, así el faccioso en aquél es la producción que más se parece a la persona; en una palabra, es al hombre y a la planta lo que el murciélago al ave y al bruto; no siendo, pues, muy experto, cualquiera lo confunde; pondré un ejemplo: cuando el viento pasa por entre las cañas, silba; pues cuando pasa entre facciosos, habla; he aquí el origen del órgano de la voz entre aquella especie. El faccioso echa también, a manera de ramas, dos piernas y dos brazos, uno a cada lado, que tienen sus manojos de dedos como púas una espiga; presenta faz y rostro, y al verle, cualquiera diría que tiene ojos en la cara, pero sería grave error; distínguese esencialmente de los demás seres en estar dotado de sinrazón. (III-300 y 301)

Las memorias como auxiliares del conocimiento histórico

En los tiempos antiguos y antes de la invención de la imprenta, la historia, viviendo a la ventura de rebuscos y de eventuales hallazgos, más se podía considerar como un espejo mal azogado que solo representaba a trozos objetos informes, que como un intérprete fiel y un juez severo de los hechos pasados. Apoyada en la tradición, las más veces fabulosa o exagerada, prestábase fácilmente a la falsedad y a la adulteración a que la quisiesen sujetar las pasiones de los pocos que en recoger y transmitir anales se ocupaban. Posteriormente, el orgullo de las testas coronadas hubo de conocer la importancia de la pluma para conservar a la posteridad sus grandes hechos o sus intrigas políticas, y cada rey mantuvo cronistas con el objeto de clasificar y glosar su reinado; pero fácil es conocer la poca confianza que a los pueblos debían merecer tales compilaciones, hechas a expensas de un rey por personas allegadas o agradecidas, y a quienes solo podía el elogio ser lícito. Con pocas excepciones, la historia vino a ser no un cuadro fiel de las costumbres, de las necesidades, de las revoluciones de los pueblos, sino un retrato, favorecido como todo retrato, y de tamaño colosal, de cada príncipe o magnate, que reasumía en sí propio la importancia toda de sus gobernados. De tal suerte llegó a adquirir este carácter, que aun en tiempos modernos en que la tendencia de las ideas es muy otra, y en que han variado esencialmente los principios, en que se ha reconocido por fin que los reyes no son delegados de la divinidad sino apoderados del pueblo, todavía conserva la historia sus regios atavíos, y su especialidad insultante para la generalidad de los hombres. Aun en manos muy hábiles, la historia es apenas todavía la cronista de los pueblos: primer cortesana en los palacios y la última por lo visto que los ha de abandonar; tarda en comprender su verdadera misión y cree haber trasmitido a la posteridad los hechos y las costumbres de una nación cuando ha referido los caprichos o los usos de un príncipe.

Pero los tiempos han corrido, y la invención de la imprenta a la disposición de todo el mundo ha sido un puerto contra un naufragio para clases y generaciones enteras; hecha industria lucrativa, todo el que no ha tenido otro oficio, todo el que se ha creído con ojos para ver, con oídos para oír, todo el que se ha figurado tener las cualidades de testigo (cualidades más difíciles de poseer de lo que parece para no ser testigo a la manera de las paredes, dentro de las cuales pasan los acontecimientos), todo el que ha sentido dentro de sí o la pereza de obrar o la insuficiencia de producir cosas dignas de ser por otro escritas, ha asido de una pluma y ha exclamado: Yo, que no hago nada, escribiré lo que hacen los demás; escribiré lo que sobre ellos pienso, y hasta escribiré lo que yo hago, cuando no hago nada. De aquí multitud de libros, de novelas históricas, de historias novelescas, de viajes impresionales y de impresiones viajeras que atormentan al mundo moderno y le ahogan y le sofocan, como las demasiadas mantas que se echan sobre un constipado; de aquí la multitud de observaciones, relaciones, reflexiones y ojeadas, sin contar con el sinnúmero de anuncios que empiezan con De, como: De los acontecimientos de la guerra de tal, De la conjuración de cual, De la oportunidad, etc., etc.; de aquí ese torrente sin diques de memorias de la historia contemporánea, del contemporáneo del ayuda de cámara, del médico, del barbero, del portero, de la mujer, del padre, del hijo, del hermano, del sobrino, y de los amigos y de los enemigos del hombre que ha hecho, que ha sonado, que ha intrigado, que ha mandado algo; memorias de su cocinero, de su repostero, de su querida y de su viuda, acerca de la manera que tienen los hombres grandes de ponerse la corbata, de salir a paseo, de dormir, de estar despiertos; memorias de los que le han visto a todas horas, y de los que no le han visto a ninguna. De aquí, en fin, para la pobre historia otro escollo, no menos peligroso que el que en el principio de este artículo le hemos encontrado en los tiempos antiguos.

Entonces necesitaba de la linterna de Diógenes para buscar un hombre y un dato, y ahora necesita de todas las linternas del buen gusto y del sano criterio para desechar hombres y datos. Voces por un lado con una relación, voces por otro con la contraria; multitud de folletos y memorias, supuestos materiales para la historia, y en realidad verdaderos albañales que corren hacia un río para perderse en él, ensuciándole y entrabando su curso, y solo por azar algún limpio manantial que le tributa su pura y cristalina corriente.

Si hemos comparado a la historia antigua con un espejo mal azogado, que solo a trozos representa objetos informes, ahora podemos comparar a la historia moderna con una inmensa Luna colocada en un salón de máscaras, y donde, mezclados, rebullen y se codean, se obstruyen y confunden en un disparatado conjunto de colores chocantes y chillones, sin juego ni armonía, reyes y vasallos, ricos y pobres, víctimas y verdugos, tiranos y tiranizados: ruido horrible y desapacible en que se aúnan y mueren la verdad y la mentira, la calumnia y la reparación, la algazara y el orgullo y el sollozo del pobre, el piano del magnate y el rabel del pastor, la jira del fastuoso convite y el gemido del hambre, el aullido de la envidia, el grito de la ambición y el desesperado lamento del virtuoso aborrecido o del mérito sofocado.

He aquí el sonido de la celebrada trompeta de la historia, encargada de transmitir la verdad a la posteridad, de quien se dice que aquélla es luz y ejemplo, Norte y guía. (III-527 y 528)

La cultura monástica

Un corto número de espíritus, más pusilánimes o acaso más calculadores que sus contemporáneos, poseía la corta riqueza literaria griega y romana que de las ruinas del Partenón y del Capitolio habían podido salvar, en medio de la devastación desoladora de la irrupción de los bárbaros, algunas primitivas comunidades monásticas. El estudio de todo lo que se hacía en los claustros estaba reducido, y debía estarlo, a la ciencia eclesiástica; la única que podía y debía salvar, como efectivamente salvó, a la Europa de su total ruina. Las bellezas gentílicas de los Homeros y Virgilios debían reservarse para otros tiempos; y los monasterios, conservando estos monumentos clásicos de la antigüedad, hacían a la literatura todo el servicio que podían hacerla. (II-78)

Virtudes medievales

El amor, el rendimiento a las damas, el pundonor caballeresco, la irritabilidad contra las injurias, el valor contra el enemigo, el celo ardiente de la religión y de la patria, llevado el primero alguna vez hasta la superstición, y el segundo hasta la odiosidad contra el que nació en suelo apartado, si no son prendas todas las más adecuadas al cristianismo, no dejan por eso de tener su lado hermoso por donde contemplarlas y aun su utilidad manifiesta, dado sobre todo el dato del orden de cosas entonces establecido, las hacía tan necesarias como deslumbradoras. (II-79)

III. Crítica y sátira literarias

Casticismo

Si los jóvenes que se dedican a la literatura estudiasen más a nuestros poetas antiguos, en vez de traducir tanto y tan mal, sabrían mejor su lengua, se aficionarían más de ella, no la embutirían de expresiones exóticas, no necesarias, y serían más celosos del honor nacional. (I-25)

Pedantismo

Hombres conocemos para quienes sería cosa imposible empezar un escrito cualquiera sin echarle delante, a manera de peón caminero, un epígrafe que le vaya abriendo el camino y salpicarlo todo después de citas latinas y francesas, las cuales, como suelen ir en letra bastardilla, tienen la triple ventaja de hacer muy variada la visualidad del impreso; de manifestar que el autor sabe latín, cosa rara en estos tiempos en que todo el mundo lo aprende, y de probar que ha leído los autores franceses, prurito particular en una época en que no hay español que no trueque toda su lengua por un par de palabritas de por allá. Nosotros, como somos tan bobalicones, no sabemos a qué conducen los epígrafes, y quisiéramos que nos lo explicasen, porque, en el ínterin que llega este caso, creemos que el pedantismo ha sido siempre en todas las naciones el precursor de las épocas de decadencia de las letras. Verdad es que estamos muy seguros de que no ha de ir a menos nuestra literatura; esto es en realidad caso tan imposible como caerse una cosa que ya está caída; pero por eso mismo no quisiéramos tener los síntomas de una enfermedad cuyo único y verdadero antídoto acertamos a poseer. (I-25)

Las dedicatorias

Los autores han descubierto el gran secreto para que no les critiquen sus obras. Zurcen un libro. ¿Son vaciedades? No importa. ¿Para qué son las dedicatorias? Buscan un nombre ilustre, encabezan con él su mamotreto, dicen que se lo dedican, aunque nadie sepa lo que quiere decir eso de dedicar un libro que uno hace a otro que nada tiene de común con el tal libro, y con ese talismán caminan seguros de ofensas ajenas. Ampáranse como los niños en las faldas de mamá para que papá no les pegue. (I-28)

La gloria y el interés

Mucho tiempo hemos considerado si debíamos hacer mérito del interés. Ciertamente que en un poema épico sería un pobrísimo episodio, y en una oda estaría tan mal colocado como el hospital en las Delicias. Pero en un papelucho de poco lucimiento y de menos provecho, nos parece que está tan perfectamente como una pedrada en el ojo de un boticario, y no ignora el vulgo, en cuya boca anda este caritativo refrán, la exactitud de nuestra comparación. Maguer que pobrecitos, bien traslucimos que los poetas que más gloria han alcanzado han comido, y no se nos diga que ésta es una paradoja. No pocas veces se complacía Homero en la descripción de los más suculentos banquetes; Horacio se burla amargamente de un mal convite. De nuestro Cervantes juramos que escribió con más que mediana hambre y apetito el capítulo de las bodas de Camacho. No hablemos de Anacreonte y de todos sus discípulos, porque sabido es que éstos han trocado siempre por una gota de zumo del Lico todo el jugo que puede dar el arbusto de Dafne.

Sabemos cuánto apreciaba nuestro Villegas el ruido de las castañas y el buen aloque y en qué consideraciones tenía Baltasar del Alcázar la oronda morcilla que nunca le dejó acabar su cuento. En fin, de los poetas bucólicos sabremos decir que no ha habido uno que no haya encumbrado a las nubes la dulce miel y la blanca leche. Así, pues, sostendremos a la faz de los partidarios de la aérea fama póstuma a quienes parezca mal la dirección que tomen nuestras habladurías, que si los grandes poetas no han escrito para comer, a lo menos han comido para escribir. (I-44)

Sátira de un poeta

No fuera tan literato como es y había de bastar aquella prenda para hacerle pasar por hombre de bien, ya que no por poeta, como le sucedía a don Eleuterio, Crispín de Andorra; y también vale mucho más ser hombre de bien y salvar su alma que hacer buenos versos, si no se pudieran reunir ambas cosas, lo cual sería lo mejor. Por ejemplo, ahí está un Aronet. ¿De qué le sirvió hacer su Zaira y su Mahoma, con otras frioleras de gusto, si a la hora de ésta debe de estar probablemente hecho un torrado en los profundos? Esto es lo que me da rabia cuando leo un hermoso trozo de Homero y aun de Virgilio; siempre arrojo el libro diciendo: ¡Qué lástima que esos hombres no fuesen buenos cristianos y hombres de bien, como don Clemente Díaz! Pues ¿y cuando leo a Horacio, a Juvenal y a Persio y a Boaló, como alguno describe, o Boileau, como se llamaba él y escribimos nosotros? (I-73)

La susceptibilidad literaria

...A Madrid la république des lettres était celle des loups, toujours armés les uns contre les autres; et livrés au mépris aú ce visible acharnement les conduit, tous les insectes, les moustiques, les cousins, les critiques, les maringouins, les envieux, les feuillistes, les libraires, les censeurs et tout ce qui s'attache à ta peau des malhereux gens de lettres, achevait de déchiqueter et de sucer le peu de substance qui leur restait. Beaumarchais, Le Barbier de Séville, acto I. Muchos son los obstáculos que para escribir encuentra entre nosotros el escritor, y el escritor, sobre todo, de costumbres, que funda sus artículos en la observación de los diversos caracteres que andan por la sociedad revueltos y desparramados. Si hace un artículo malo, ¿quién es él —dicen—, para hacerle bueno? Y si lo hace bueno, será traducido, gritan a una voz sus amigos. Si huyó de ofender a nadie, son pálidos sus escritos, no hay chiste en ellos ni originalidad; si observó bien, si hizo resaltar los colores y si logra sacar a los labios de su lector tal cual picante sonrisa: «es un payaso», exclaman, como si el toque del escribir consistiera en escribir serio. Si le ofenden los vicios, si rebosa en sus renglones la indignación contra los necios, si los malos escritores le merecen tal cual varapalo, «es un hombre feroz, a nadie perdona, ¡Jesús, qué entrañas!». ¡Habrá pícaro, que no quiere que escribamos disparates! ¿Dibujó un carácter y tomó para ello toques de éste y de aquél, formando un bello ideal de las calidades de todos? ¡Qué picarillo —gritan—; cómo ha puesto a don Fulano! ¿Pintó un avaro como hay ciento? Pues ése es don Cosme —gritan todos—, el que vive aquí a la vuelta. Y no se desgañite para decirle al público: Señores, que no hago retratos personales, que no critico a uno, que critico a todos; que no conozco siquiera a ese don Cosme. ¡Tiempo perdido! Que el artículo está hecho hace dos meses, y don Cosme vino ayer.

—Nada. Que mi avaro tiene peluca y don Cosme no la gasta.

—¡Ni por esas! Púsole peluca —dicen—, para desorientar; pero es él. Que no se parece a don Cosme en nada.

—No importa; es don Cosme, y se lo hacen creer todos a don Cosme, por ver si don Cosme le mata; y don Cosme, que es caviloso, es el primero a decir: «Ese soy yo». Para esto de entender alusiones, nadie como nosotros.

¿Consistirá esto en que los criticados que se reconocen en el cuadro de costumbres se apresuran a echar el muerto al vecino para descartarse de la parte que a ellos les toca? ¡Quién sabe! Confesemos, de todos modos, que es pícaro oficio el de escritor de costumbres. (III-282)

Amor propio de los literatos

«Genus irritabile vatum», ha dicho un poeta latino. Esta expresión bastaría a probarnos que el amor propio ha sido en todos tiempos el primer amor de los literatos, si hubiésemos menester más pruebas de esta incontestable verdad que la simple vista de los más de esos hombres que viven entre nosotros de la literatura. No queremos decir por esto que sea el amor propio defecto exclusivo de los que por su talento se distinguen; generalmente, se puede asegurar que no hay nada más temible en la sociedad que el trato de las personas que se sienten con alguna superioridad sobre sus semejantes. ¿Hay cosa más insoportable que la conversación y los dengues de la hermosa que lo es a sabiendas? Mírela usted a la cara tres veces seguidas; diríjala usted la palabra con aquella educación, deferencia o placer que difícilmente pueden dejar de tenerse hablando con una hermosa; ya le cree a usted su don Amadeo, ya le mira a usted como quien le perdona la vida. Ella, sí, es amable, es un modelo de dulzura; pero su amabilidad es la afectada mansedumbre del león, que hace sentir de vez en cuando el peso de sus garras; es pura compasión que nos dispensa.

Pasemos de la aristocracia de la belleza a la de la cuna. ¡Qué amable es el señor marqués, qué despreocupado, qué llano! Vedle con el sombrero en la mano, sobre todo para sus inferiores. Aquella llaneza, aquella deferencia, si ahora damos en su corazón, es una honra que cree dispensar, una limosna que cree hacer al plebeyo. Trate éste diariamente con él, y al fin de la jornada nos dará noticias de su amabilidad: ocasiones habrá en que algún manoplazo feudal le haga recordar con quién se las ha. (III-278)

El literato insoportable

El estado de la literatura entre nosotros y el heroísmo que en cierto modo se necesita para dedicarse a las improductivas letras, es la causa que hace a muchos de nuestros literatos más insoportables que los de cualquiera otro país; añádase a esto el poco saber de la generalidad, y de aquí se podrá inferir que entre nosotros el literato es una especie de oráculo, que, poseedor único de su secreto y solo iniciado en sus misterios recónditos, emite su opinión oscura con voz retumbante y hueca, subido en el trípode que la general ignorancia le fabrica. Charlatán por naturaleza, se rodea del aparato ostentoso de las apariencias, y es un cuerpo más impenetrable que la célebre cuña de la milicia romana. Las bellas letras, en una palabra, el saber escribir es un oficio particular que solo profesan algunos, cuando debiera constituir una pequeñísima parte de la educación general de todos.

Pero, si atendidas estas breves consideraciones, es el orgullo del talento disculpable, porque es el único modo que tiene el literato de cobrarse el premio de su afán, no por eso autoriza a nadie a ser en sociedad ridículo. (III-278 y 279)

La gloria en España

Las estupendas rarezas que por acá nos vienen contando los viajeros de los Walter Scott, los Casimir Delavigne, los Lamartine, los Scribe y los Víctor Hugo, de los cuales, el que menos tiene, amén de su correspondiente gloria, su palacio, donde se da la vida de un príncipe, son cosas de por allá y extravagancias que solo suceden en Francia y en Inglaterra; verdad es que no tenemos tampoco hombres de aquel temple; pero si los hubiera, sucedería probablemente lo mismo.

No siendo posible reunir, pues, honra y provecho, ha de quererse una u otro. En cuanto a saber, no sabiendo sino francés, tiene uno solo con eso andada ya la mitad del camino. Haga unas cuantas poesías fugitivas; tal cual soneto, muy sonoro y lleno de pámpanos poéticos; no se apure sí no dice nada en él; corra entre los amigos, saque él mismo copias furtivas y repártalas como pan bendito; sean destinadas, sobre todo, sus poesías a las mujeres, que son las que dan fama; haga correr la voz de que está haciendo una obra grande, cuyo título se sabrá con el tiempo; procure, a fuerza de transposiciones y de palabras desenterradas del diccionario, no sabidas de nadie, que digan de él: ¡Cómo maneja la lengua! ¡Es hombre que sabe el castellano! Porque aunque lo menos que puede saber un literato es saber su lengua, éste es, sin embargo, el ápice de la ciencia en el país; y en cuanto vea que pasa por muchacho de esperanza, váyase a viajar; esté fuera diez o doce años, en los cuales puede vivir seguro de que se hablará de él más de lo que sea menester. Vuelva entonces; reúna en un tomo alguna comedia, media docena de odas y un romancito; diga en el prólogo que las hizo en los ratos perdidos que sus desgracias le dejaron libres; que las publica por haber sabido que algunas composiciones de ellas se han impreso en Amberes o en América, sin su licencia y con faltas, hijas de la incuria de los copiantes, y que dedica a su cara patria aquel corto obsequio, y déjelas correr. No vuelva a escribir nada: silencio y aristocracia literaria, y yo le respondo de que llegará a una edad provecta oyendo repetir a los pájaros: Es un sabio. Y entonces ya puede con seguridad darle al público comedias, folletos, comentarios: todo será bueno, ¡por ser suyo! (III-271)

Las mujeres y las novelas

Es un error, en nuestro entender bastante general, creer que las novelas tienen la culpa de las locas bodas y desatinados enlaces que en el mundo se hacen y se han hecho. No está todo el daño en las novelas; la mayor parte está en el corazón humano. El amor, ora le llamemos, como nuestros abuelos, que no veían más que el lado hermoso de las cosas, una noble pasión; ora le llamemos, como nuestros despreocupados del día, que solo ven el lado feo de las cosas, una vil necesidad rebozada; el amor existe en la naturaleza, y mientras exista podrá ocurrir en la vida frecuentemente que no se halle de acuerdo con el interés. Desde los tiempos fabulosos que se remontan a la más atrasada antigüedad, desde Píramo y Tisbe, desde Leandro y Hero, que ciertamente no habían leído ninguna novela moderna, son conocidos estos desastrados amores. La organización de una mujer es la verdadera novela perniciosa, y, por desgracia, es la que no se le puede quitar; éste es el libro donde aprende a amar. A una belleza fría, de quien nada reclame su insensible corazón, dénsele todas las novelas del mundo y dénselas sin cuidado; nosotros respondemos de su inalterable tranquilidad y de su eterna sensatez; aquélla, empero, que ha recibido de la naturaleza el funesto don de una extrema sensibilidad, quítensele las novelas y será en balde: mientras no se le quiten los ojos, respondemos de que hará todas las locuras del mundo por seguir el objeto que una vez la haya deslumbrado. Por este estilo creemos que son la mayor parte de las locuras que hacen los hombres miserables; imperiosas leyes que impone la naturaleza y que paga el hombre. (III-275)

La poesía y la crítica

No presta el cielo al mismo tiempo la fría severidad del crítico y la ardiente imaginación del vate, y mal pudiera prestarlas sin contradecir sus propias leyes. Si alguna vez, pues, se ven ambas calidades reunidas, puede reputarse fenómeno. Recorramos la lista de los primeros poetas; no hallaremos en ésa a los grandes didácticos; precepto será lo que en sus obras encontraremos, preceptos de inspiración; rara vez preceptistas. Homero, Virgilio, Anacreonte, Píndaro, Tasso, Milton, etc., etc., se contentaron con la parte que les tocó; verdad es que les tocó lo más, porque nunca harán los preceptos a un poeta. Recorramos, por otra parte, las obras de los grandes maestros del arte. Aristóteles hubiera probado a entonar la trompa épica; en balde hubiera ensayado a observar sus mismas reglas. Longino, que tan bien entendió lo sublime, no hubiera dado nunca con él. El severo Boileau quiso pulsar la lira, y Apolo la rompió en sus débiles manos; toda su oda a la toma de Namor puede darse por el peor concepto de su arte poética. La Harpe dio modelos, pero modelos de escuela. En una palabra, la cabeza puede aventajarse en el hombre, pero es, por lo regular, a costa del corazón. Dos nombres colosales, que son los que más acaso a la perfección se han acercado, pudieran citarse como poderosas excepciones de nuestro aserto: Horacio y Voltaire. Esto, sin embargo, podría ser objeto de larga discusión, en que no podemos entrar ahora; en ella aparecería tal vez que el Horacio del arte poético y de las sátiras no es el Horacio de las odas; que el Voltaire prosista es infinitamente superior al Voltaire autor cómico, trágico y épico. (III-288)

Censura y reacción

Nada más temible en las conmociones políticas que las reacciones; ellas hacen desandar a los partidos por lo común mucho más camino del que durante su progresivo movimiento anterior lograron avanzar. La literatura no es la que menos se ha resentido en nuestro país y en varias épocas recientes de esta lastimosa verdad. Un nombre solo de un hombre, envuelto en la ruina de su partido, suele bastar a proscribir una obra inocente; al paso que la suspicacia del vencedor, recelándose de su misma sombra, suele hallar en las frases más indiferentes alusiones peligrosas capaces de comprometer su seguridad. He aquí la razón por qué se ha escrito con más libertad e independencia en épocas ciertamente mucho más atrasadas que las que nosotros hemos alcanzado.

La mayor parte de las obras de nuestros autores, que han corrido y corren en manos de todos constantemente, no hubieran visto jamás la luz pública si hubieran debido sujetarse por primera vez a la censura parcial y opresora con que un partido caviloso y débil ha tenido en nuestros tiempos cerradas las puertas del saber. Y decimos débil, porque sabido es que tanto más tiránico es un partido, cuanto menos fuerza moral, cuantos menos recursos físicos tiene de que disponer. Desprovisto de fuerzas propias, va a buscarlas en las ajenas conciencias, y teme la palabra. Solo un gobierno fuerte y apoyado en la pública opinión puede arrostrar la verdad y aun buscarla; inseparable compañero de ella, no teme la expresión de las ideas, porque indaga las mejores y las más sanas para cimentar sobre ellas su poder indestructible. (III-312)

El don de la palabra

No sé qué profeta ha dicho que el gran talento no consiste precisamente en saber lo que se ha de decir, sino en saber lo que se ha de callar; porque en esto de profetas no soy muy fuerte, según la expresión de aquel que miraba detenidamente al Neptuno de la fuente del Prado, y añadía de buena fe, enseñándosela a un amigo suyo:

—Aquí tiene usted a Jonás conforme salió del vientre de la ballena.

—¡Hombre! ¿A Jonás? —le replicó el amigo—. Si este es Neptuno...

—O Neptuno; como usted quiera —replicó el cicerone—; que en esto de profetas no soy muy fuerte.

El hecho es que la cosa se ha dicho, y haya sido padre de la Iglesia, filósofo o dios del paganismo, no es menos cierta ni verosímil, ni más digna tampoco de ser averiguada en tiempos en que dice cada cual sus cosas y las ajenas cómo y cuándo puede.

Platón, que era hombre que sabía dónde le apretaba el zapato, si bien no los gastaba, y que sabía asimismo cuánto tenía adelantado para hablar el que no ha hablado todavía, había adoptado por sistema enseñar a sus discípulos a callar antes de pasar a enseñarles materias más hondas, y en esa enseñanza invertía cinco años, lo cual prueba evidentemente dos cosas: primera, que Platón estaba, como nuestras universidades, por los estudios largos; segunda, que no es cosa tan fácil como parece enseñar a callar al hombre, el cual nació para hablar, según han creído erróneamente algunos autores mal informados, dejándose deslumbrar, sin duda, por las apariencias de verosimilitud que le da a esta opinión el don de la palabra, que nos diferencia, tan funestamente, de los más seres que creó de suyos callados y taciturnos la sabia naturaleza. (III-320)

Pérdida de la influencia literaria de España

Olvidada la antigua influencia nuestra, levantadas otras naciones a ocupar el puesto privilegiado que vergonzosamente les cedíamos en el rango de los pueblos, la literatura no podía menos de resentirse de nuestra decadencia política y militar; callaron los cisnes de España; una nación vecina, de quien atinadamente dice el señor Maury: Le génie naquit français... creó una literatura nueva, que debía adolecer, sin embargo, de la influencia regularizadora y acompasada, filosófica, del siglo en que aquélla prosperaba. Millares de preceptistas creyeron leer en Horacio lo que nunca acaso había pensado decir; Shakespeare y Lope fueron sacrificados en las aras de la nueva escuela, y el gusto se asentó sobre las ruinas del genio; el corto número de apasionados hubo de contentarse con admirarles en silencio; nadie osó alabarlos sin rubor. Entronizada la nueva escuela, que nada debía en verdad a la España; ésta debía quedar borrada del mundo literario, y un célebre crítico pudo decir de ella impunemente: Un rimeur sans péril delà les Pyrenées, etc., y llamarla bárbara sin que nadie se atreviese a sospechar que se podría volver por ella algún día victoriosamente...

Las épocas y los gustos se suceden, sin embargo, rápidamente, y el hombre debía volver a conocer que no había nacido solo para un mundo de amarga y disecada realidad; escritores osados intentaron sacudir el yugo impuesto por los preceptistas; el mundo debía encontrar, al fin, en política como en literatura, la libertad para que nació; la literatura española debía surgir desde este momento y aparecer más radiante que nunca, como un inmenso fanal oscurecido largo tiempo por una espesa niebla. Los alemanes fueron los primeros que desenterraron vuestras bellezas, y Calderón vino a serles un objeto de culto. Había falta, sin embargo, todavía de una obra que hiciese conocer a la nación exclusiva que los españoles son hombres también y poetas. Tan grande empresa debía arredrar al más osado. No bastaba decir: «Aprendan ustedes el castellano». Esto hubiera sido acaso reproducir la Casandra de Troya, y era preciso decir: «Aprendan ustedes en francés a leer el castellano». (III-334 y 335)

El periodista

«El hombre propone y Dios dispone.» Gran cosa dijo el primero que anunció este proverbio, hoy tan trillado. Si hay proverbios que envejecen y caducan, éste toma, por el contrario, más fuerza cada día. Yo, por mi parte, confieso que a haber tenido la desgracia de nacer pagano, sería ese proverbio una de las cosas que más me retraerían de adoptar la existencia de muchos dioses; porque soy de mío tan indómito e independiente, que me asustaría la idea de proponer yo y de que dispusiesen de mis propósitos millares de dioses, ya que, desdichadamente, ha de ser hombre un periodista, y, lo que es peor, hombre débil y quebradizo. Ello no se puede negar que un periodista es un ser bien criado, si se atiende a que no tiene voluntad propia; pues sobre ser bien criado, debe participar también de calidades de los más de los seres existentes; ha menester, si ha de ser bueno y de duración, la pasta del asno y su seguridad en el pisar, para caminar sin caer en un sendero estrecho y agachar, como él, las orejas cuando zumba en derredor de ellas el garrote. Necesita saberse pasar sin alimento semanas enteras como el camello, y caminar la frente erguida por medio del desierto. Ha de tener la

velocidad del gamo en el huir para un apuro, para un día en que Dios disponga lo que él no haya puesto. Ha de tener el perro olfato, para oler con tiempo
donde está la fiera y el ladrar a los pobres; y ha de saber dónde hace presa,
y dónde quiere Dios que hinque el diente. Le es indispensable la vista perspicaz del lince para conocer en la cara del que ha de disponer, lo que él debe
poner; el oído del jabalí para barruntar el runrún de la asonada; se ha de hacer, como el topo, el mortecino, mientras pasa la tormenta; ha de saber andar
cuando va delante con el paso de la tortuga, tan menudo y lento que nadie
se lo note, que no hay rosa que más espante que el ver anidar al periodista;
ha de saber, como el cangrejo, desandar lo andado, cuando lo ha andado de
más, y como de esas veces ha de irse sesgando por entre las matas a guisa
de serpiente; ha de mudar camisa; en tiempo y lugar como la culebra; ha de
tener cabeza fuerte como el buey, y cierta amable inconsecuencia como la
mujer; ha de estar en continua atalaya como el ciervo, y dispuesto como la
sanguijuela a recibir el tijeretazo del mismo a quien salva la vida; ha de ser,
como el músico, inteligente en las fugas, y no ha de cantarle contralto más
que escriba con trabajo; y a todo, en fin, ha de poner cara de risa como la
mona. Esto con respecto al reino animal.

Con respecto al vegetal, parécese el periodista a las plantas en acabar
con ellas un huracán sin servirles de mérito el fruto que hayan dado anteriormente: como la caña, ha de doblar la cerviz al viento, pero sin murmurar
como ella; ha de medrar como el junco y la espadaña en el pantano; ha de
dejarse podar cómo y cuándo Dios disponga, y tomar la dirección que le dé
el jardinero; ha de pinchar como el espino y la zarza los pies de los caminan-
tes desvalidos, dejándose hollar de la rueda del poderoso; en días oscuros
ha de cerrar el cáliz y no dejar sus pistilos como la flor del azafrán; ha de
tomar color según le den los rayos del Sol; ha de hacer sombra, en ocasiones
dañinas, como el nogal; ha de volver la cara al astro que más calienta como
el girasol, y es planta muerta sino; semójase a las palmas en que mueren las
compañeras, empezando a morir una; así ha de servir para comer, como para
quemar, a guisa de piña; ha de oler a rosa para los altos, y a espliego para los
bajos; ha de matar halagando como la hiedra.

Por lo que hace al mineral, parece el periodista a la piedra en que no hay
picapedrero que no le quite una esquirla y que no le dé un porrazo; ha de

tener tantos colores como el jaspe, si ha de parecer bien a todos; ha de ser frío como el mármol debajo del pie del magnate; ha de tener los pies de plomo; ha de servir como el bronce para inmortalizar hasta los dislates de los próceres; lo ha de soldar todo como el estaño; ha de tener más vetas que una mina y más virtudes que un agua termal. Y después de tanto trabajo y de tantas calidades, ha de saltar, por fin, como el acero en dando con cosa dura. (III-327)

La magia de las palabras

No sé quién ha dicho que el hombre es naturalmente malo: ¡grande picardía por cierto!; nunca hemos pensado nosotros así; el hombre es un infeliz, por más que digan; un poco fiero, algo travieso, eso sí; pero en cuanto a lo demás, si ha de juzgarse de la índole del animal por los signos exteriores, si de los resultados ha de deducirse alguna consecuencia, quisiera yo que Aristóteles y Plinio, Buffon y Valmonit de Bomare, me dijesen qué animal, por animal que sea, habla y escucha. He aquí precisamente la razón de la superioridad del hombre, me dirá un naturalista; y he aquí precisamente la de su inferioridad, pienso yo, que tengo más de natural que de naturalista. Presente usted a un león devorado del hambre (cualidad única en que puede compararse el hombre al león); preséntele usted un carnero, y verá usted precipitarse a la fiera sobre la inocente presa con aquella oportunidad, aquella fuerza, aquella seguridad que requiere una necesidad positiva, que está por satisfacer. Preséntele usted al lado un artículo de un periódico, el más lindamente escrito y redactado; háblele usted de felicidad, de orden, de bienestar, y apártese usted algún tanto, no sea que si lo entiende le pruebe su garra que su única felicidad consiste en comérsele a usted. El tigre necesita devorar al gamo, pero seguramente que el gamo no espera oír sus razones. Todo es positivo y racional en el animal privado de la razón. La hembra no engaña al macho, y viceversa; porque como no hablan, pondrán nombre a las cosas, y llamando a una robo, a otra mentira, a otra asesinato, conseguirán, no evitarlas, sino llenar de delincuentes los bosques. Crearán la vanidad y el amor propio; el noble bruto que dormía tranquilamente las veinticuatro horas del día, se desvelará ante la fantasma de una distinción; y al hermano, a quien solo mataba para comer, matarale después por una cinta blanca o encarnada. Deles usted, en fin, el uso de la palabra, y mentirán; la hembra al macho, por amor; el grande al chico, por ambición; el igual al igual, por rivalidad; el pobre al rico, por miedo y por envidia; querrán gobierno y como cosa indispensable, y en la clase de él estarán de acuerdo, ¡vive Dios!; éstos se dejarán degollar porque los mande uno solo, afición que nunca he podido entender; aquéllos querrán mandar a uno solo, lo cual no me parece gran triunfo; aquí, querrán mandar todos, lo cual ya entiendo perfectamente; allí, querrán ser los animales nobles, de alta cuna, quiere decir... (o mejor, no sé lo que quiere decir), los que manden a los de baja cuna; allá, no habrá diferencia de cunas... ¡Qué confusión! ¡Qué laberinto! Laberinto que prueba que en el mundo existe una verdad, única cosa positiva, que es la única justa y buena, que esa la reconocen todos y convienen en ella; de eso proviene no haber diferencias. En conclusión, los animales, como no tienen el uso de la razón ni de la palabra, no necesitan que les diga un orador cómo han de ser felices, no pueden engañar ni son engañados; no creen ni son creídos. (III-340 y 341)

El purismo

Ni somos ni queremos ser puristas; en ninguna parte hemos encontrado todavía el pacto que ha hecho el hombre con la divinidad ni con la naturaleza de usar de tal o cual combinación de sílabas para explicarse; desde el momento en que por mutuo acuerdo una palabra se entiende, ya es buena; desde el punto en que una lengua es buena para hacerse entender en ella, cumple con su objeto, y mejor será, indudablemente, aquella cuya elasticidad le permite dar entrada a mayor número de palabras exóticas, porque estará segura de no carecer jamás de las voces que necesite; cuando no las tenga por sí, las traerá de fuera. En esta parte diremos de buena fe lo que ponía Iriarte irónicamente en boca de uno que estropeaba la lengua de Garcilaso:

«Que si él habla la lengua castellana, yo hablo la lengua que me da la gana.» (III-422)

Las palabras definitivas

Sentado el principio de que hay cosas buenas, hay palabras que parecen cosas, es decir, que hay palabras buenas.

A primera vista parece que buenas deben ser todas las palabras, puesto que sirven todas para hablar, o sea para gastar conversación, que es el fin que parecemos proponernos; esto es un error, sin embargo, y error grave. Palabras hay malas, profundamente malas por sí mismas, y sin necesidad de accesorios, que forman por sí solas oración y sentido, por más que suelan ellas no tener sentido común. Palabras que valen más que un discurso, y que dan que discurrir; cuando uno oye, por ejemplo, la palabra conspiración, cree estar viendo un drama entero, aunque no sea nada en realidad. Cuando uno oye la palabra libertad, sola ella, solita, cree uno estar oyendo una larga comedia. Cuando uno oye la palabra imprenta, ¿no cree ver, detrás de la censura, el imposible vencido, la cuadratura del círculo, la gran quisicosa? ¿No hay quién ve en ella el abismo, la anarquía, aquel qué sé yo, que nadie sabe explicar ni comprender? Cada una de estas palabras son verdaderas linternas mágicas: el mundo todo pasa al través de ellas. Una vez encendidas, todo se ve dentro.

Estas palabras, que encierran por sí solas una significación entera y determinada, son malas generalmente; las buenas son aquellas que no dicen nada por sí, como, por ejemplo: prosperidad, ilustración, justicia, regeneración, siglo, luces, responsabilidad, marchar, progreso, reforma, etc., etc. Estas no tienen un sentido fijo y decisivo; hay quien las entiende de un modo, hay quien las entiende de otro, hay, por fin, quien no las entiende de ninguno. Estas son buenas, porque, blandas como cera, adáptanse a todas las figuras; éstas son, en fin, el alimento de toda conversación. Con ellas no hay discurso que no se pueda sostener, no hay cosa que no se pueda probar, no hay pueblo a quien no se pueda convencer. Estas son las palabras que parecen cosas. (III-392 y 393)

Decadencia literaria

Si bien luce algún ingenio todavía de cuando en cuando, nuestra literatura, sin embargo, no es más que un gran brasero apagado, entre cuyas cenizas brilla aún pálida y oscilante tal cual chispa rezagada. Nuestro siglo de oro ha pasado ya, y nuestro siglo XIX no ha llegado todavía.

En poesía estamos aún a la altura de dos arroyuelos murmuradores, de la tórtola triste, de la palomita de Filis, de Batilo y Menalcas, de las delicias de la vida pastoril, del caramillo y del recental, de la leche y de la miel, y otras fantasmagorías por este estilo. En nuestra poesía, a lo menos, no se hallará malicia: todo es pura inocencia. Ningún rumbo nuevo, ningún resorte no usado. Convengamos en que el poeta del año 35, encenagado en esta sociedad envejecida, amalgama de oropeles y de costumbres perdidas, presa él mismo de pasioncillas endebles, saliendo de la fonda o del billar, de la ópera o del sarao, y a la vuelta de esto empeñado en oír desde su bufete el cefirillo suave que juega enamorado y malicioso por entre las hebras de oro o de ébano de Filis, y pintando a lo Gessner la deliciosa vida del otero (invadido por los facciosos), es un ser ridículamente hipócrita o furiosamente atrasado. ¿Qué significa escribir cosas que no cree ni el que las escribe ni el que las lee? (III-395)

La notoriedad literaria

Venir a aumentar el número de los vivientes, ser un hombre más donde hay tantos hombres, oír decir de sí: «Es un tal fulano», es ser un árbol más en una alameda. Pero pasar cinco y seis lustros oscuro y desconocido, y llegar una noche entre otras, convocar a un pueblo, hacer tributaria su curiosidad, alzar una cortina, conmover el corazón, subyugar el juicio, hacerse aplaudir y aclamar, y oír al día siguiente de sí mismo al pasar por una calle o por el Prado: «Aquel es el escritor de la comedia aplaudida», eso es algo; es nacer; es devolver al autor de nuestros días por un apellido oscuro un nombre claro; es dar alcurnia a sus ascendientes en vez de recibirla de ellos; es sobreponerse al vulgo y decirle: «Me has creído tú inferior, sal de tu engaño; poseo tu secreto y el de tus sensaciones, domino tu aplauso, y tu admiración; de hoy más no estará en tu mano despreciarme, medianía; calúmniame, aborréceme si quieres, pero alaba». Y conseguir esto en veinticuatro horas, y tener mañana un nombre, una posición, una carrera hecha en la sociedad, el que quizá no tenía ayer donde reclinar su cabeza, es algo, y prueba mucho en favor del poder del talento. Esta aristocracia es, por lo menos, tan buena como las demás, pues que tiene el lustre de la de la cuna y pues que vale dinero, como la de la riqueza. (III-559)

Afición al álbum

Esta afición, recién nacida, cundió extraordinariamente; los ingleses se asieron de ella; los franceses no la despreciaron, y todo hombre de alguna celebridad fue puesto a contribución; el valor de un álbum, por consiguiente, puede ser considerable; una pincelada de Goya, un capricho de David o de Vernet, un trozo de Chateaubriand o de Lord Byron, la firma de Napoleón, todo esto puede llegar a hacer de un álbum un mayorazgo para una familia.

Nuestras señoras han sido las últimas en esta moda como en otras, pero no las que han sabido apreciar menos el valor de un álbum; ni es de extrañar; el libro en blanco es un templo colgado todo de sus trofeos; es su lista civil, su presupuesto, o por lo menos, el de su amor propio. Y en rigor, ¿qué es una bella sino un álbum a cuyos pies todo el que pasa deposita un tributo de admiración? ¿Qué es su corazón muchas veces sino álbum? (III-422)

El monólogo del escritor español

Escribir y crear en el centro de la civilización y publicidad, como Hugo y Lherminier, es escribir. Porque la palabra escrita necesita retumbar, y como la piedra lanzada en medio del estanque, quiere llegar repetida de onda en onda hasta el confín de la superficie; necesita irradiarse, como la luz, del centro a la circunferencia. Escribir como Chateaubriand y Lamartine en la capital del mundo moderno, es escribir para la humanidad; digno y noble fin de la palabra del hombre, que es dicha para ser oída. Escribir como escribimos en Madrid, es tomar una apuntación, es escribir en un libro de memorias, es realizar un monólogo triste y desesperante para uno solo. Escribir en Madrid es llorar, es buscar voz sin encontrarla como en una pesadilla abrumadora y violenta. Porque no escribe uno siquiera para los suyos. ¿Quiénes son los suyos? ¿Quién oye aquí? ¿Son las academias, son los círculos literarios, son los corrillos noticieros de la Puerta del Sol, son las mesas de los cafés, son las divisiones expedicionarias, son las pandillas de Gómez, son los que despojan o son los despojados? (III-546 y 547)

De la sátira y de los satíricos

Tiempo hacía que deseábamos una ocasión de decir algo acerca de la mala interpretación que se da generalmente al carácter y a la condición de los escritores satíricos. Créese vulgarmente que solo un principio de envidia y la importancia de crear un germen de mal humor y de misantropía, hijo de circunstancias personales o de un defecto de organización, pueden prestar a un escritor aquella acrimonia y picante mordacidad que suelen ser el distintivo de los escritores satíricos.

Confesamos ingenuamente que estamos demasiado interesados por la tendencia general de los nuestros en desvanecer semejante prevención; no diremos que hayan abusado muchas veces hombres de talento del don de ver el lado ridículo de las cosas y que no le hayan hecho servir algunas para sus fines particulares. Esto es demasiado cierto, por desgracia; pero ¿de qué don de la naturaleza no ha abusado el hombre y quién será el que se atreva a sacar deducciones generales de meras excepciones?

Nosotros por eso no dejaremos de reconocer en los escritores satíricos cualidades eminentemente generosas; en cuanto a las dotes que de la naturaleza debe haber recibido el que cultiva con buen éxito tan difícil género, ha de poseer suma perspicacia y penetración para ver en su verdadera luz las cosas y los hombres que lo rodean, y para no dejarse llevar nunca de las apariencias, que lo cubren todo con su barniz engañoso; profundo por carácter y por estudio, no ha de detenerse jamás en su superficie, sino desentrañar las causas y los resortes del corazón humano. Esto puede dárselo la naturaleza; pero es forzoso, además, que las circunstancias personales lo hayan colocado constantemente en una posición aislada e independiente, porque de otra suerte, y desde el momento en que se interesa más en unas cosas que en otras, difícilmente podrá ser observador discreto y juez imparcial de todas ellas. Como es el que censura las acciones y opiniones de los demás, es el que, naturalmente, debe encontrar más dificultad en convencer y persuadir, necesita añadir a su clara vista el arte no menos importante de decir, lo uno, porque no hay verdad que mal o inoportunamente dicha no pueda parecer mentira; lo otro, porque rara vez nos persuade la verdad que no nos halaga; y el arte de decir es casi siempre obra del estudio. Son ra-

ras, además, las verdades que la naturaleza nos presenta claras por sí solas y que no necesitan para ser comprendidas y desarrolladas gran copia de conocimientos. Ni son todas las épocas iguales y maneras de decir, que en un siglo pudieran ser, no solo permitidas, sino lícitas, las que llegan a ser en otro chocantes, cuando no imposibles. Esta es la razón por qué el satírico debe comprender perfectamente el espíritu del siglo a que pertenece; y esta es la gran diferencia que entre los satíricos de las literaturas antigua y moderna choca al estudioso. El primer satírico de quien, rastreando en la oscuridad de los tiempos, hallamos fragmentos, es Aristófanes, que en sus Nubes, sátira dialogada e informe, más bien que comedia, se propuso ridiculizar nada menos que a uno de los primeros filósofos de la antigüedad, el divino Sócrates. Cualquiera que conozca la desnudez desvergonzada de aquella producción nos confesará que hubiera sido execrada en épocas de mayor cultura. Y dejando a un lado los tiempos remotos de la antigua Grecia, pasemos rápidamente la vista sobre el modo de decir de los escritores del siglo cultísimo (con relación, sin duda, a los anteriores) de Augusto; y dígasenos francamente si el oscuro Persio, si el acre Juvenal, usando de giros más cínicos que los mismos personajes imperiales que satirizaban, hubieran hallado lectores sufridos en nuestro siglo, de más hipócritas modales, amigo de giros más mojigatos. Y no hablemos de la licenciosa manera de Catulo y de Tibulo, de la desnudez de Marcial; contraigámonos al severo Cicerón, al dulcísimo y ameno Virgilio, al cortesano Horacio. Más de un pasaje de la Catilinaria o de la oración contra Verres, la égloga entera de Alexis y Coridón, la oda burlesca a Príapo y otros cien trozos de aquellos órganos del buen gusto romano hubieran provocado gestos de hastío y de indignación, no precisamente en nuestra moderna sociedad, pero aún en el siglo de Luis XIV, más aproximado a ellos que nosotros.

Y descendiendo a éste, el mismo Boileau, tan mirado, tropezaría con más de un improbador; es rara la comedia de Regnard y de Moliere en que no resaltan trozos, escenas que ruborizan en el día cuando se repiten al parterre francés del siglo XIX. (III-488 y 489)

Los escritores de costumbres

Este género, tal cual le cultiva felizmente entre nosotros el Curioso Parlante, es enteramente moderno y fue desconocido a la antigüedad. Muchos escritores moralistas habían estudiado ya al hombre y la sociedad de su tiempo; esta especie de filosofía práctica encontró siempre numerosos sectarios bajo la diversidad de formas que adoptó para producirse; el teatro, en todas partes, se apoderó de las costumbres para retratarlas desde Aristófanes hasta nuestros días; algunos, no queriendo disfrazar tanto sus lecciones, dieron, desde Teofrasto hasta La Bruyère, los resultados de su observación del corazón humano, en caracteres ligeramente bosquejados, pero desembarazados de toda intriga que pudiese desleír en tintas degradadas y acumuladas el colorido principal. Otros sentenciosos y lacónicos, como La Rochefoucauld y Vauvenargues, se limitaron a colecciones de aforismos morales. Prefirieron muchos la sátira, verdadera composición poética de costumbres. Algunos, en fin, idearon el medio de urdir un cuento, una fábula más o menos intrincada, para desenvolver una lección moral, como lo hicieron Esopo, Fedro, Lafontaine, Samaniego, Marmontel, madame Genlis, madame Cottin, Fielding y otros, creando el apólogo, el cuento moral y la novela de costumbres. Conocidos ya y gastada la novedad de estos diversos géneros, pensó Montesquieu excitar nuevamente la curiosidad con una idea peregrina, lo que logró completamente adoptando la forma epistolar en sus Cartas persas, seguidas de numerosas imitaciones, de las cuales solo las Cartas peruanas lograron sobrevivir, y que lograron tal éxito, que, según cuenta él mismo, llegó el caso de que los libreros no abrían la boca hablando con literatos, sino para decirles: Hágame usted cartas persas. Pero en cuanto a estos diversos géneros enunciados, nada tenía que envidiar la literatura española a las extranjeras; nuestro teatro, tan pródigo de fábulas estériles, encontró a veces en Calderón mismo, en Lope y sobre todo en Alarcón, Tirso, Moreto y los que le siguieron, escritores excelentes de costumbres. En la sátira, ni nos faltaron Juvenales ni Boileaux. En la novela, en el cuento, en la fábula, la nación que puede citar a Cervantes, a Quevedo, a Mateo Alemán, a Luis Vélez de Guevara, al autor de La Celestina, del Gil Blas, sea quien fuere; a Samaniego, a Iriarte, a Isla, a Iglesias, no puede ser tildada de pobre; y por no faltarnos, hasta imitador tuvimos, si débil, justamente apreciado con todo, del Espíritu de las leyes en el coronel don José Cadalso.

Empero cuantos autores hemos citado habían considerado al hombre en general tal cual le da la naturaleza; pintores, habían retratado el mar con su bonanza y sus tormentas, cual en todas las zonas se ve; pero no le habían pintado tal cual esta o aquella marina lo ofrecen y lo modifican. Escritores cosmopolitas, filósofos universales, habían escrito para la humanidad, no para una clase determinada de hombres. Esto era natural. Hasta que equilibrados los elementos diversos que habían reconstituido el mundo, hubiesen empezado a tomar las sociedades caracteres especiales que las distinguiesen, no era fácil retratar caras, sino especies. La religión cristiana, que vino a infundir en los pueblos el dogma de la igualdad y del equilibrio social, comenzó a darles nuevo aspecto creando individuos donde antes no había sino muchedumbres más o menos sujetas a la tiranía y al monopolio del poder y del mando. Los progresos mismos y las comunicaciones, creando el comercio y la industria, haciendo más necesarios los unos hombres a los otros, comenzaron a nivelarlo todo y a imprimir en los pueblos mayor movimiento, mayor cambio recíproco; entonces empezó a ser sociedad lo que hasta entonces no había sido sino reunión, y cada sociedad, entonces, tomó caracteres diferentes, según la altura a que se encontró en la escala de la gran reforma; cesó la uniformidad, que solo podía hallarse en el principio y que solo la llegada al mismo punto puede volver a traer. Viajeros los hombres de distintas tierras, a la caída del vasto imperio romano, que había abarcado el mundo, se separaron para hacer el viaje cada cual por el camino más en armonía con sus fuerzas y su inteligencia, dándose cita para el día de la nueva nivelación, de la igualdad completa; a ella caminamos y a la nueva uniformidad que en un escalón más alto de la civilización humana nos ha de volver a reunir algún día, como nos tenía reunidos a la caída del Imperio.

Unos empezaron más pronto a tener caracteres distintivos de los demás. En ellos forzosamente despuntaron escritores filósofos, que no consideraron ya al hombre en general como anteriormente se lo habían dejado otros descrito y como era ya de todos conocido, sino al hombre en combinación, en juego con las nuevas y especiales formas de la sociedad en que le observaban. El primero que en Inglaterra dio el ejemplo con admirable profundidad y perspicacia fue Addison en El Espectador, y si ninguno logra superarle, no dejó, con todo, de tener felices imitadores. Posteriormente, en Francia, país que siguió en el orden del gran viaje que todos hacemos las huellas de la Inglaterra, así que los trastornos políticos parciales acabaron de emancipar al pueblo y que la sociedad moderna se constituyó con las formas que por largo tiempo habían de distinguirla, así que empezaron a fijarse las nuevas costumbres y a suceder a la antigua Francia los modernos franceses, nacieron también escritores destinados a pintar las fases que empezaba la sociedad a presentar. Eran pintores de la sociedad francesa. Pero cualquiera conoce que semejantes bosquejos parciales estriban, más que en el fondo de las cosas, en las formas que revisten y en los matices que el punto de vista les presenta, que son, por tanto, variables, pasajeros y no de una verdad absoluta. No hubiera, pues, llegado nunca el género a entronizarse sino ayudado del gran movimiento literario que la perfección de las artes traía consigo; tales producciones no hubieran tenido oportunidad ni verdad, no contando con el auxilio de la rapidez de la publicación. Los periódicos fueron, pues, los que dieron la mano a los escritores de estos ligeros cuadros de costumbres, cuyo mérito principal debía de consistir en la gracia del estilo. Hay libro en este género que no es verdad más que el día que ve la luz; fundado sobre esa parte de los usos y costumbres condenada como el mar a eterno flujo y reflujo, muere la obra con la costumbre que ha pintado, y la reputación con ella del autor. De aquí tanta reputación pasajera, que no teniendo existencia propia, vive, como la oruga, lo que dura la hoja de la que se mantiene.

Es, pues, necesario que el escritor de costumbres no solo tenga vista perspicaz y grande uso del mundo, sino que sepa distinguir además cuáles son los verdaderos trazos que bastan a darla fisonomía; descender a los demás no es retratar una cara, sino asir el microscopio y querer pintar los poros.

Pero al lado de estos escritores mirlitones ha visto la Francia, donde más cultivado es este género, gran número de reputaciones formarse, crecer, extenderse y venir a ser europeas. El libro famoso de los Ciento y uno, en que se propuso la literatura francesa, agradecida al arruinado librero Ladvocat, crearle un nuevo capital, dándole cada cual gratuitamente un artículo de costumbres, cuya reunión pudiese publicarse bajo el título general de París, es el cuadro más vasto, el monumento, más singular, ¿lo diremos de una vez?, la obra más grande que a cosas pequeñas han levantado los hombres.

Comparable a las pirámides de Egipto, colosales sepulcros erigidos por un gran pueblo, y ¿para qué? Para enterrar a un rey. Salvo la duración, pues las arenas literarias no dejarán más que alguna piedra de la obra de los Ciento y uno, al paso que las del Nilo respetan todavía las de los Faraones.

Imposible era que ciento y un hombres escribiesen todos igualmente bien; pero era difícil presumir que fuesen tantos los que escribiesen mal. No podremos menos, sin embargo, de citar los artículos de Alejandro Dumas, de Chateaubriand, el del duelo de Ducange, y sobre todo, los encantadores trozos titulados Les béotiens de Paris, de Luis Desnoyers, a quien pueden bastar para su gloria. Pero el genio infatigable que, como escritor de costumbres, no dudaremos en poner a la cabeza de los demás, es Balzac, después de admirado el cual, pues no puede ser leído sin ser admirado, puede decir el lector que conoce la Francia y su sociedad moderna, árida, desnuda de preocupaciones, pero también de ilusiones verdaderas y por consiguiente, desdichada, asquerosa a veces y despreciable y, por desgracia, ¡cuán pocas veces ridícula! Balzac ha recorrido el mundo social con planta firme, apartando la maleza que le impedía el paso, arañándose a veces para abrir camino, y ha llegado a su confín para ver asomado allí, ¿qué?: un abismo insondable, un mar salobre, amargo y sin playas, la realidad, el caos, la nada.

No citaremos ni a Eugenio Sué, ni a Alfredo de Vigny, ni a Jorge Sand, ni a otros que parecen rozarse con el fin moral de Balzac, porque, aunque pertenecientes a una misma escuela social, ni los creemos animados de buena fe, ni son, realmente, escritores de costumbres; y porque al examinar la tendencia espantosa de sus escritos y la funesta consecuencia que de ellos se deduce, puede ser objeto de un artículo más importante de lo que parece en el día para nuestro país.

Solo concluiremos esta reseña citando a Paul de Kock para rebatir una opinión demasiado extendida en España por libreros ambiciosos o por lectores de poco criterio: careciendo de estilo y verdadero genio, Paul de Kock, repetido en sus planes, sin objeto moral de ninguna especie, inmoral en sus formas, es en París el escritor de las modistillas; ni goza de otra consideración que la de un emborronador de papel con cierto chiste, y eso no todos los días. (III-513 y 514)

El costumbrismo como género

Por lo que del género hemos apuntado en general, puédese deducir cuán difícil sea acertar en un ramo de literatura en que es indispensable hermanar la más profunda y filosófica observación con la ligera y aparente superficialidad de estilo, la exactitud con la gracia; es fuerza que el escritor frecuente las clases todas de la sociedad y sepa distinguir los sentimientos naturales en el hombre comunes a todas ellas, y dónde empieza la línea que la educación establece entre unas y otros; que tenga, además de un instinto de observación certero para ver claro lo que mira a veces oscuro, suma delicadeza para no manchar sus cuadros con aquella parte de las escenas domésticas cuyo velo no debe descorrer jamás la mano indiscreta del moralista, para saber lo que ha de dejar en la parte oscura del lienzo; ha de haber comprendido el espíritu de esta época, en que las aristocracias todas reconocen el nivelador de la educación; por tanto, ha de ser picante, sin tocar en demasiado cáustico, porque la acrimonia no corrige y el tiempo de Juvenal ha pasado para siempre.

Pero la principal dificultad que para hacer efecto le encontramos es la precisión en que de decir las cosas claramente y sin rebozo nos pone el adelanto social y la mayor amplitud que en todas partes logra la prensa. Géneros enteros de la literatura han debido a la tiranía y a la dificultad de expresar los escritores sus sentimientos francamente, una importancia que sin eso rara vez hubieran conseguido. La alegoría, por ejemplo, sobre cuya base se han fundado tantas obras eminentes, y acaso en las que más han brillado los esfuerzos del ingenio; la alegoría expira ya en el día a manos de la libertad de imprenta. La lucha que se establece entre el poder opresor y el oprimido ofrece a éste ocasiones sin fin de rehuir la ley y eludirla ingeniosamente; y sobre vencerse tal dificultad, no contribuye poco a dar sumo realce a esas obras el peligro en que de ser perseguido se pone el autor una vez adivinado. Pero desde el momento en que no haya idea, por atrevida que sea, que no pueda clara y despejadamente decirse y publicarse; desde el punto en que no haya lucha, que no haya queja; desde el momento en que los demás sean los más fuertes; en dejando de haber verdad que decir y riesgo que correr, mueren el cuento alusivo, el poema satírico, el apólogo, la fábula, y la alegoría entera viénese al suelo como un resorte usado perteneciente a una mecánica antigua y sin uso ni aplicación posibles en la nueva máquina. Esto es lo que no ha conocido o lo que ha olvidado un momento el célebre Fenimore Cooper, el autor de El espía y de El bravo, el rival, vencedor a veces, de Walter Scott en su última y deplorable novela titulada The Monikins; escribe para un país completamente libre y donde todo se puede decir sin inconveniente, una alegoría en cuatro tomos, rebozando como con miedo verdades triviales y olvidadas ya de todo el mundo, en decir las cuales solo el riesgo de fastidiar corría. Mezquino imitador de una idea ya desempeñada por otros felizmente, no ha conocido que Casti que los autores de los Viajes de Gulliver y de Wandon al país de las monas y otras alegorías semejantes, han sido escritores de circunstancias, y que esas circunstancias han pasado. El escritor de costumbres necesita economizar mucho, por tanto, las verdades, y como todo el que escribe en país libre de trabas para el pensamiento, formarse una censura suya y secreta que dé claroscuro a sus obras y en que el buen gusto proscriba lo que la ley permita. (III-515 y 516)

Imposibilidad del purismo en el periodismo moderno

Hemos dicho que la literatura es la expresión del progreso de un pueblo; y la palabra, hablada o escrita, no es más que la representación de las ideas; es decir, de ese mismo progreso. Ahora bien; marchar en ideología, en metafísica, en ciencias exactas y naturales, en política, aumentar ideas nuevas a las viejas, analogías modernas a las antiguas y pretender estacionarse en la lengua que ha de ser la expresión de esos mismos progresos, perdónennos los señores puristas, es haber perdido la cabeza. Quisiéramos, sin ir más lejos en la cuestión, ver al mismo Cervantes en el día, forzado a dar al público un artículo de periódico acerca de la elección directa, de la responsabilidad ministerial, del crédito o del juego de bolsa, y en él quisiéramos leer la lengua de Cervantes. Y no se nos diga que el sublime ingenio no hubiera nunca descendido a semejantes pequeñeces, porque esas pequeñeces forman nuestra existencia de ahora, como constituían la de entonces las comedias de capa y espada; y porque Cervantes, que las escribía para vivir, cuando no se escribían sino comedias de capa y espada, escribiría, para vivir también, artículos de periódico, hoy que no se escriben sino artículos de periódico. Lo más que pueden los puristas exigir es que al adoptar voces y giros, frases nuevas, se respete, se consulte, se obedezca en lo posible el tipo, la índole, las fuentes, las analogías de la lengua. (III-475)

La nueva literatura que alborea

Si nuestra antigua literatura fue en nuestro Siglo de Oro más brillante que sólida, si murió después a manos de la intolerancia religiosa y de la tiranía política, si no pudo renacer sino con andadores franceses, y si se vio atajada por las desgracias de la patria, esperemos que dentro de poco podamos echar los cimientos de una literatura nueva, expresión de la sociedad nueva que componemos, toda la verdad como es nuestra sociedad: sin más regla que esa verdad misma, sin más maestro que la naturaleza joven, en fin, como la España que constituimos. Libertad en literatura, como en las artes, como en la industria, como en el comercio, como en la conciencia. He aquí la divisa de la época, he aquí la nuestra, he aquí la medida con que mediremos. En nuestros juicios críticos preguntaremos a un libro: ¿Nos enseñas algo? ¿Eres la expresión del progreso humano? ¿Nos eres útil?

—Pues eres bueno. No reconocemos magisterio literario en ningún país; menos en ningún hombre, menos en ninguna época, porque el gusto es relativo: no reconocemos una escuela exclusivamente buena porque no hay ninguna absolutamente mala. Ni se crea que asignamos al que quiera seguirnos una tarea más fácil, no. Le instamos al estudio, al conocimiento del hombre: no le bastará, como al clásico, abrir a Horacio y a Boileau y despreciar a Lope o a Shakespeare: no le será suficiente, como al romántico, colocarse en las banderas de Víctor Hugo y conservar las reglas con Molière y con Moratín; no, porque en nuestra librería campeará el Ariosto al lado de Virgilio, Racine al lado de Calderón, Molière al lado de Lope: a la par, en una palabra, Shakespeare, Schiller, Goethe, Byron, Víctor Hugo y Corneille, Voltaire, Chateaubriand y Lamartine.

Rehusamos, pues, lo que se llama en el día literatura entre nosotros; no queremos esa literatura reducida a las galas del decir, al son de la rima, a entonar sonetos y odas de circunstancias, que concede todo a la expresión y nada a la idea, sino una literatura hija de la experiencia y de la historia, y faro, por tanto, del porvenir; estudiosa, analizadora, filosófica, profunda, pensándolo todo, diciéndolo todo, en prosa, en verso, al alcance de la multitud ignorante aún, apostólica y de propaganda; enseñando verdades a aquellos a quienes interesa saberlas, mostrando al hombre, no como debe ser, sino como es, para conocerle; literatura, en fin, expresión toda de la ciencia de la época, del progreso intelectual del siglo. (III-476 y 477)

La aristocracia del talento

El autor del Trovador se ha presentado en la arena, nuevo lidiador, sin títulos literarios, sin antecedentes políticos; solo y desconocido, la ha recorrido bizarramente al son de las preguntas multiplicadas: ¿Quién es el nuevo y quién es el atrevido?, y la ha recorrido para salir de ella victorioso; entonces ha alzado la visera y ha podido alzarla con noble orgullo, respondiendo a las diversas interrogaciones de los curiosos espectadores: Soy hijo del genio y pertenezco a la aristocracia del talento. ¡Origen por cierto bien ilustre, aristocracia que ha de arrollar al fin todas las demás! (III-492 y 493)

Penuria de historiadores

En España causas locales atajaron el progreso intelectual, y con él indispensablemente el movimiento literario. La muerte de la libertad nacional, que había llevado ya tan funesto golpe en la ruina de las comunidades, añadió a la tiranía religiosa, la tiranía política; y si por espacio de un siglo todavía conservamos la preponderancia literaria, ni esto fue más que el efecto necesario del impulso anterior, ni nuestra literatura tuvo un carácter sistemático, investigador, filosófico, en una palabra, útil y progresivo. Imaginación toda, debía prestar más campo a los poetas que a los prosistas: así que, aun en nuestro Siglo de Oro, es cortísimo el número de escritores razonados que podemos citar. Fuera de los escritos místicos y teológicos y de los tratados sutilmente metafísicos y morales, de que podemos presentar una biblioteca antigua desgraciadamente más completa que ninguna otra nación, si queremos encontrar prosistas nos habremos de refugiar en la historia. Solís, Mariana y algunos otros ilustraron en verdad la musa de Tácito y de Suetonio. Nos es fuerza, empero, confesar que aun esos se ofrecieron más bien como columnas de la lengua que como intérpretes del movimiento de su época: influidos por las creencias populares, no dieron un solo paso adelante; adoptaron los cuentos y las tradiciones fabulosas como verdaderas causas políticas; trataron más bien de lucir su claro ingenio en estilo florido que de desentrañar los móviles de los hechos que se veían llamados a referir. Más parecieron sus escritos una recopilación de materiales y fragmentos descosidos, una copia selecta de arengas verosímiles que una historia razonada. No sabiendo deslindar la crónica de la historia, la historia de la novela, llenaron muchos tomos sin llegar a hacer un solo libro. (III-474)

El poder de las palabras en política

Palabras del derecho, palabras del revés, palabras simples, palabras dobles, palabras contrahechas, palabras mudas, palabras elocuentes, palabras monstruos. Es el mundo. Donde veas un hombre, acostúmbrate a no ver más que una palabra. No hay otra cosa. No precisamente a palabra por barba, tampoco. Despacio. A veces en uno verás muchas palabras; tantas, que aquél solo te parecerá cien hombres; en cambio, otras veces, y será lo más común, donde creas ver cien mil hombres, no habrá más que una sola palabra.

Mira las palabras de dos caras: palabras-bifrontes, Jano, son las palabras de honor, llamadas así por apodo; según las necesites las verás así del bueno o del mal frente. A su lado, las palabras-promesas, palabras-manifiestos, regularmente coronadas, siempre escuchadas y creídas, pero tan ambiláteras como las otras; palabras-callos, endurecidas, incorregibles, que han de arrancarse de raíz si han de dejar de doler.

¿Ves esa multitud de figurillas que se agitan, se muerden, se baten, se matan?... Todo eso es la palabra Honor. ¿Ves ese sinnúmero de muchedumbre armada, toda erizada y hostil? Lo llamáis ejército, y no es más que ambición; palabra-monstruo, palabra-puerco espín, llena de púas; palabra-percebe, toda patas y manos. Mira qué de furiosas teas encendidas, sangre, saqueo, confusión; todo ese ruido son nueve letras: fanatismo, palabra-loco de atar; sin embargo, nadie la ata.

¡Ah! Aquí viene la palabra-arlequín, la palabra-camaleón. ¡Qué de faces, qué soltura! Todos corren tras ella: inútilmente. Mira cómo la quiere coger la palabra-pueblo, gran palabra. La primera tiene ocho letras: libertad. Siempre que el pueblo va a cogerla, se mete entre las dos la palabra-promesa, la palabra-manifiesto; pero la palabra-pueblo es de las que llamé palabras contrahechas; ciega, sordomuda, se deja guiar e interpretar, sin hacer más que dar, de cuando en cuando, palo de ciego; como no ve, da ciento en la herradura y ninguna en el clavo: por lo regular se da a sí misma. Pero todo ese vano ruido se apaga y se confunde. ¡Sitio, sitio! ¡Plaza, plaza! La gran palabra, la nuestra, la de nuestra epoca, que lo coge y lo atruena todo. En ella se cifra nuestro siglo de medias tintas, de medianías, de cosas a medio hacer: de todas las palabras que reinan en figura de hombres y cosas por allá abajo ésta es en el día la que reina sobre todas. Cuasi. Ese es todo el siglo XIX. Obsérvala: a cada una de sus facciones le falta algo; no es más que un perfil: ni está de pie ni sentada. Vestida de blanco y negro, día y noche. Más breve: palabra-cuasi, cuasi palabra. (III-453)

Presagios del realismo y examen de la generación precedente

No es nuestra intención entrar a analizar el mérito de los escritores que nos han precedido; esto fuera molesto, inútil a nuestro propósito y poco lisonjero acaso para algunos que viven todavía. Después que algunos nombres caros a las musas hubieron, no levantado nuestra literatura, sino introducido en España la francesa, después que nos impusieron el yugo de los preceptistas del siglo ostentoso y compasado de Luis XIV, las turbulencias políticas vinieron a atajar ese mismo impulso, que llamaremos bueno a falta de otro mejor.

Muchos años hemos pasado de entonces acá sin podernos dar cuenta siquiera de nuestro estado, sin saber si tendríamos una literatura por fin nuestra o si seguiríamos siendo una postdata rezagada de la clásica literatura francesa del siglo pasado.

En este estado estamos casi todavía; en verso, en prosa, dispuestos a recibirlo todo porque nada tenemos. En el día numerosa juventud se abalanza ansiosa a las fuentes del saber. ¿Y en qué momentos? En momentos en que el progreso intelectual, rompiendo en todas partes antiguas cadenas, desgastando instituciones caducas y derribando ídolos, proclama en el mundo la libertad moral a la par de la física porque la una no puede existir sin la otra.

La literatura ha de resentirse de esta prodigiosa revolución, de este inmenso progreso. En política el hombre no ve más que intereses y derechos, es decir, verdades. En literatura no puede buscar, por consiguiente, sino verdades. Y no se nos diga que la tendencia del siglo y el espíritu de él, analizados y positivos, lleva en sí mismo la muerte de la literatura, no. Porque las pasiones en el hombre siempre serán verdades, porque la imaginación misma ¿qué es sino una verdad más hermosa?... (III-476)

El día de difuntos de 1836. Fígaro, en el cementerio

Beati qui moriuntur in domino.

En atención a que no tengo gran memoria, circunstancia que no deja de contribuir a esta especie de felicidad que dentro de mí mismo me he formado, no tengo muy presente en qué artículo escribí (en los tiempos en que yo escribía) que vivía en un perpetuo asombro de cuantas cosas a mi vista se presentaban. Pudiera suceder también que no hubiera escrito tal cosa en ninguna parte, cuestión en verdad que dejaremos a un lado por harto poco importante en época en que nadie parece acordarse de lo que ha dicho, ni de lo que otros han hecho. Pero suponiendo que así fuese, hoy día de difuntos de 1836 declaro que si tal dije, es como si nada hubiera dicho, porque en la actualidad maldito si me asombro de cosa alguna. He visto tanto, tanto, tanto... como dice alguien en El Califa. Lo que sí me sucede es no comprender claramente todo lo que veo, y así es que al amanecer un día de difuntos no me asombra precisamente que haya tantas gentes que vivan; sucédeme, sí, que no lo comprendo.

En esta duda estaba deliciosamente entretenido el día de los Santos, y fundado en el antiguo refrán que dice: Fíate en la Virgen y no corras (reirán cuyo origen no se concibe en un país tan eminentemente cristiano como el nuestro), encomendábame a todos ellos con tanta esperanza, que no tardó en cubrir mi frente una nube de melancolía, pero de aquellas melancolías de que solo un liberal español en estas circunstancias puede formar una idea aproximada. Quiero dar una idea de esta melancolía; un hombre que cree en la amistad y llega a verla por dentro, un inexperto que se ha enamorado de una mujer, un heredero, cuyo tío indiano muere de repente sin testar, un tenedor de bonos de cortes, una viuda que tiene asignada pensión sobre el tesoro español, un diputado elegido en las penúltimas elecciones, un militar que ha perdido una pierna por el estatuto, y se ha quedado sin pierna y sin estatuto, un grande que fue liberal por ser prócer, y que se ha quedado solo liberal, un general constitucional que persigue a Gómez, imagen fiel del hombre corriendo siempre tras la felicidad sin encontrarla en ninguna parte, un redactor del Mundo en la cárcel en virtud de la libertad de imprenta, un ministro de España, y un rey en fin constitucional, son todos seres alegres y bulliciosos, comparada su melancolía con aquella que a mí me acosaba, me oprimía y me abrumaba en el momento de que voy hablando.

Volvíame y me revolvía en un sillón de estos que parecen camas, sepulcro de todas mis meditaciones, y ora me daba palmadas en la frente, como si fuese mi mal mal de casado, ora sepultaba las manos en mis faltriqueras, a guisa de buscar mi dinero, como si mis faltriqueras fueran el pueblo español y mis dedos otros tantos gobiernos, ora alzaba la vista al cielo como si en calidad de liberal no me quedase más esperanza que en él, ora la bajaba avergonzado como quien ve un faccioso más, cuando un sonido lúgubre y monótono, semejante al ruido de los partes, vino a sacudir mi entorpecida existencia.

¡Día de difuntos!, exclamé; y el bronce herido que anunciaba con lamentable clamor la ausencia eterna de los que han sido, parecía vibrar más lúgubre que ningún año, como si presagiase su propia muerte. Ellas también, las campanas, han alcanzado su última hora, y sus tristes acentos son el estertor del moribundo: ellas también van a morir a manos de la libertad, que todo lo vivifica, y ellas serán las únicas en España, ¡santo Dios!, que morirán colgadas. ¡Y hay justicia divina!

La melancolía llegó entonces a su término; por una reacción natural cuando se ha agotado una situación, ocurrióme de pronto que la melancolía es la cosa más alegre del mundo para los que la ven, y la idea de servir yo entero de diversión... ¡Fuera, exclamé, fuera!, como si estuviera viendo representar a un actor español. ¡Fuera!, como si oyese hablar a un orador en las Cortes, y arrojeme a la calle; pero en realidad con la misma calma y despacio como si tratase de cortar la retirada a Gómez.

Dirigíanse las gentes por las calles en gran número y larga procesión, serpenteando de unas en otras como largas culebras de infinitos colores: ¡al cementerio, al cementerio! ¡Y para eso salían de las puertas de Madrid!

Vamos claros, dije yo para mí, ¿dónde está el cementerio? ¿fuera o dentro? Un vértigo espantoso se apoderó de mí, y comencé a ver claro. El cementerio está dentro de Madrid. Madrid es el cementerio. Pero vasto cementerio donde cada casa es el nicho de una familia, cada calle el sepulcro de un acontecimiento, cada corazón la urna cineraria de una esperanza o de un deseo.

Entonces, y en tanto que los que creen vivir acudían a la mansión que presumen de los muertos, yo comencé a pasear con toda la devoción y recogimiento de que soy capaz las calles del grande osario.

Necios —decía a los transeuntes— ¿os movéis para ver muertos? ¿No tenéis espejos por ventura? ¿Ha acabado también Gómez con el azogue de Madrid? ¡Miraos, insensatos, a vosotros mismos, y en vuestra frente veréis vuestro propio epitafio! ¿Vais a ver a vuestros padres y a vuestros abuelos, cuando vosotros sois los muertos? Ellos viven porque ellos tienen paz; ellos tienen libertad, la única posible sobre la tierra, la que da la muerte; ellos no pagan contribuciones que no tienen; ellos no serán alistados ni movilizados; ellos no son presos ni denunciados; ellos, en fin, no gimen bajo la jurisdicción del celador del cuartel; ellos son los únicos que gozan de la libertad de imprenta, porque ellos hablan al mundo. Hablan en voz bien alta, y que ningún jurado se atrevería a encausar y a condenar. Ellos, en fin, no reconocen más que una ley, la imperiosa ley de la naturaleza que allí los puso, y esa la obedecen.

¿Qué monumento es este? exclamé al comenzar mi paseo por el vasto cementerio.

¿Es el mismo un esqueleto inmenso de los siglos pasados, o la tumba de otros esqueletos? ¡Palacio! Por un lado mira a Madrid, es decir, a las demás tumbas; por otro mira a Extremadura, esa provincia virgen... como se ha llamado hasta ahora. Al llegar aquí me acordé del verso de Quevedo:

Y ni los v... ni los diablos veo.

En el frontispicio decía: «Aquí yace el trono; nació en el reinado de Isabel la Católica, murió en La Granja de un aire colado». En el basamento se veían cetro y corona, y demás ornamentos de la dignidad real. La Legitimidad, figura colosal de mármol negro, lloraba encima. Los muchachos se habían divertido en tirarle piedras, y la figura maltratada llevaba sobre sí las muestras de la ingratitud.

Y este mausoleo a la izquierda. La armería. Leamos.

> Aquí yace el valor castellano, con todos sus pertrechos.
> R. I. P.

Dos ministerios:　　　Aquí yace media España: murió de la otra media.

> Doña María de Aragón. Aquí yacen los tres años.

Y podía haberse añadido: aquí callan los tres años. Pero el cuerpo no estaba en el sarcófago; una nota al pie decía:

> El cuerpo del santo se trasladó a Cádiz en el año 23,
> y allí por descuido cayó al mar.

Y otra añadía, más moderna sin duda:

> Y resucitó al tercero día.

Más allá: ¡santo Dios! Aquí yace la Inquisición, hija de la fe y del fanatismo: murió de vejez. Con todo, anduve buscando alguna nota de resurrección: o todavía no la habían puesto, o no se debía de poner nunca.

Algunos de los que se entretienen en poner letreros en las paredes habían escrito, sin embargo, con yeso en una esquina, que no parecía sino que se estaba saliendo, aun antes de borrarse: Gobernación. ¡Qué insolentes son los que ponen letreros en las paredes! Ni los sepulcros respetan.

¿Qué es esto? ¡La cárcel! Aquí reposa la libertad del pensamiento. ¡Dios mío, en España, en el país ya educado para instituciones libres! Con todo, me acordé de aquel célebre epitafio y añadí involuntariamente:

Aquí el pensamiento reposa, en su vida hizo otra cosa. Dos redactores del Mundo eran las figuras lacrimatorias de esta grande urna. Se veían en el relieve una cadena, una mordaza y una pluma. Esta pluma —dije para mí— ¿es la de los escritores, o la de los escribanos? En la cárcel todo puede ser.

La calle de Postas, la calle de la Montera. Estos no son sepulcros. Son osarios, donde, mezclados y revueltos, duermen el comercio, la industria, la buena fe, el negocio.

Sombras venerables, ¡hasta el valle de Josafat!

Correos. ¡Aquí yace la subordinación militar!

Una figura de yeso, sobre el vasto sepulcro, ponía el dedo en la boca; en la otra mano una especie de jeroglífico hablaba por ella: una disciplina rota.

Puerta del Sol. La Puerta del Sol: ésta no es sepulcro sino de mentiras.

La bolsa. Aquí yace el crédito español. Semejante a las pirámides de Egipto, me pregunté, ¡es posible que se haya erigido este edificio solo para enterrar en él una cosa tan pequeña!

La imprenta nacional. Al revés que la Puerta del Sol. Este es el sepulcro de la verdad. Única tumba de nuestro país, donde a uso de Francia vienen los concurrentes a echar flores.

La victoria. Esa yace para nosotros en toda España. Allí no había epitafio, no había monumento. Un pequeño letrero que el más ciego podía leer decía solo: ¡Este terreno le ha comprado a perpetuidad, para su sepultura, la junta de enajenación de conventos!

¡Mis carnes se estremecieron! Lo que va de ayer a hoy. ¿Irá otro tanto de hoy a mañana?

Los teatros. Aquí reposan los ingenios españoles. Ni una flor, ni un recuerdo, ni una inscripción.

El salón de cortes. Fue casa del Espíritu Santo; pero ya el Espíritu Santo no baja al mundo en lenguas de fuego.

Aquí yace el estatuto. Vivió y murió en un minuto. Sea por muchos años, añadí, que sí será; éste debió ser raquítico, según lo poco que vivió.

El estamento de próceres. Allá en el Retiro. Cosa singular. ¡Y no hay un ministerio que dirija las cosas del mundo, no hay una inteligencia provisora, inexplicable! Los próceres, y su sepulcro en el Retiro.

El sabio en su retiro y villano en su rincón.

Pero ya anochecía, y también era hora de retiro para mí. Tendí una última ojeada sobre el vasto cementerio. Olía a muerte próxima. Los perros ladraban con aquel aullido prolongado, intérprete de su instinto agorero; el gran coloso, la inmensa capital toda ella, se removía como un moribundo que tantea la ropa: entonces no vi más que un gran sepulcro; una inmensa lápida se disponía a cubrirle como una ancha tumba.

No había aquí yace todavía; el escultor no quería mentir; pero los nombres del difunto saltaban a la vista ya distintamente delineados.

¡Fuera, exclamé, la horrible pesadilla, fuera! ¡Libertad! ¡Constitución! ¡Tres veces! ¡Opinión nacional! ¡Emigración! ¡Vergüenza! ¡Discordia! Todas estas palabra parecían repetirme a un tiempo los últimos ecos del clamor general de las campanas del día de difuntos de 1836.

Una nube sombría lo envolvió todo. Era la noche. El frío de la noche helaba mis venas. Quise salir violentamente del horrible cementerio. Quise refugiarme en mi propio corazón, lleno no ha mucho de vida, de ilusiones, de dinero. ¡Santo cielo! ¡También otro cementerio! Mi corazón no es más que otro sepulcro. ¿Qué dice? Leamos. ¿Quién ha muerto en él?... ¡Espantoso letrero! ¡Aquí yace la esperanza!

¡Silencio, silencio!... (III-536, 537, 538 y 539)

IV. Religión

Sentimentalismo católico
En buen hora el ánimo que se aturde en las alegrías del mundo, en buen hora no crea en Dios y en otra vida el que en los hombres cree y en esta vida que le forjan; empero mil veces desdichado sobre toda desdicha quien, no viendo aquí abajo sino caos y mentira, agotó en su corazón la fuente de la esperanza, porque para ése no hay cielo en ninguna parte y hay infierno en cuanto le rodea. No es lícito dudar al desdichado y es preciso no serlo para ser impío.

El rumor compasado y misterioso del cántico que la religión eleva al Criador en preces por el que fue; el melancólico son del instrumento de cien voces que atruena el templo, llenándole de santo terror; el angustioso y sublime De profundis, agonizante clamor del ser que se refugió al seno de la creación, alma particular que se refunde en el alma universal, el último perdón pedido, la deprecación de la misericordia alzada al Dios de la justicia, son algo al oído del desgraciado, cuando, devueltos los sublimes ecos por las paredes de la casa del Señor, vienen a retumbar en el corazón, como suena el remordimiento en la conciencia, como retumba en el pecho del miedoso la señal del próximo peligro. (III-557)

Dios y el diablo
Una incomprensible mezcla de religión y de pasiones, de vicios y virtudes, de saber y de ignorancia, era el carácter distintivo de nuestros siglos medios. Aquel mismo príncipe que perdía demasiado tiempo en devociones minuciosas y que expendía sus tesoros en piadosas fundaciones, se mostraba con frecuencia inconsecuente en su devoción, o descubría de una manera bien perentoria lo frívolo de su piedad, pues en vez de arreglar por ésta su conducta, se le veía no pocas veces salir de los templos del Altísimo para ir a descansar de las fatigas del gobierno en los brazos de una seductora concubina, que usurpaba la mitad del lecho regio de su consorte despreciada. (II-78)

Religión y justicia

La religión, pues, como dogma de los deberes del hombre para con el poder superior preexistente a él en el mundo y como fuente de la moral; y la justicia, como dogma de los deberes de los hombres entre sí y como fuente del orden, son la base de todo estado social. Aunarlas y derivar sus consecuencias puras, sin tergiversación y sin mezcla de supersticiones; he aquí lo que ha tratado de hacer el autor de las Palabras de un creyente. Porque las supersticiones políticas han ahogado la justicia, como las supersticiones religiosas han ahogado la religión. (IV-598)

Liberalismo y catolicismo

Los liberales y los reformadores hubieran triunfado hace mucho tiempo completamente y para siempre si, en vez de envolver en la ruina de los tiranos a la religión —necesaria a los pueblos, y de que ellos habían hecho un instrumento—, se hubieran asido a esa misma religión, apoderándose de esta suerte de las armas mismas de sus enemigos para volverlas contra ellos. El protestantismo, separando en los pueblos, donde se introdujo, la religión de la política, el cielo de la tierra, obró con mejor instinto; se granjeó el respeto y se consolidó, renunciando a miras mundanas de ambición; llegó a ejercer una verdadera influencia, tanto más indestructible cuanto mejor era su fundamento; y aseguró la libertad arraigándola primero en las conciencias, en las costumbres después. Hermanó la libertad con la religión. Aunque más tarde, ¿por qué no hemos de hacer lo propio con el catolicismo?

En España, la reacción debía ser más terrible, puesto que habían pesado más sobre ella que sobre nación alguna los excesos del fanatismo. No conteniéndose los partidos nunca en los justos límites, no consintiendo el calor de la lucha la reflexión, el traductor de las Palabras de un creyente, leído con ligereza y sin esta previa explicación, estaba expuesto a un doble riesgo. Podía aparecer a los políticos modernos preocupado en religión, epíteto poco envidiable en el día; y a los religiosos fanáticos, desorganizador en política. Sin embargo, no es ni lo uno ni lo otro. Si este libro puede conquistar a la causa liberal muchos de los fanáticos que creen que la religión se opone a las instituciones libres; si puede convencerse a la multitud poco instruida de que la religión cristiana es una religión democrática y popular; si puede cimentar la libertad, destruyendo su mayor enemigo: el fanatismo –el traductor corre con gusto el riesgo de aquella doble inculpación; no, empero, sin declarar que ningún escritor ha escrito nunca para los que no saben leer. (IV-594)

Religión y libertad

Religión pura, fuente de toda moral, y religión, como únicamente puede existir, acompañada de la tolerancia y de la libertad de conciencia; libertad civil, igualdad completa ante la ley e igualdad que abra la puerta a los cargos públicos para los hombres todos, según su idoneidad y sin necesidad de otra aristocracia que la del talento, la virtud y el mérito; y libertad absoluta del pensamiento escrito. He aquí la profesión de fe del traductor de las Palabras de un creyente. Después de esta declaración de principios por los cuales abogó constantemente en sus propios escritos, el traductor cree que puede dormir tranquilo sin temor de la calumnia, si es que ésta alguna vez pudiera atribuirle importancia bastante para asestar contra él sus flechas emponzoñadas. (IV-594)

Humorismo sobre la resignación cristiana

Los filósofos cristianos han llamado unánimemente al mundo un valle de lágrimas; a ningún mundo viene más de molde esa lacrimosa y romántica calificación que a este donde voy a hacer mi entrada, mundo de dolor y de amargura, de fisonomías, de cortes y de comunicados; no se puede dar un paso en él sin tropezar con la triste verdad. Porque, ¿qué verdad más triste que un periódico de la oposición?

Según ellos, las almas piadosas debemos creer que estamos en el mundo de paso. ¿A quién podrá cuadrar esta sentencia mejor que a los redactores de este periódico? Si a nosotros aludieron los filósofos al sentar aquella proposición, sin duda quisieron decir que estábamos de paso para Canarias. El padre Almeida asegura que en el mundo no hacemos más que una peregrinación. ¡Oh, padre perspicaz! Peregrinación sin duda a las islas adyacentes por medios verdaderamente peregrinos; ni nos falta el palo para seguir nuestro camino: cada día nos dan alguno nuevo y no esperado; no nos falta la calabaza, ni ¿cómo pudiera faltarnos en país donde cada hombre que sale, y sube, y se da a luz, sale calabaza? Ni las reliquias, en fin, porque ¿qué otra cosa es todo lo que estamos viendo sino reliquias de lo pasado? Y si no tenemos sandalias, hagámonos cargo de que parte de la peregrinación se ha de hacer por mar, y, en cambio, tenemos zapatos, mientras nos queden treinta y siete reales en el bolsillo propio o en el ajeno. Y zapatos que no hay sino decir: Pies, ¿para qué os quiero sino para estos zapatos? Verdadera peregrinación, durante la cual nunca sabemos dónde nos tomará la noche, si bien nos consta que haremos noche, y aun en caso de no tomarnos la noche, todas las demás cosas nos tomarán, inclusas las medidas.

Estamos de acuerdo en todo, y por todo con el padre Almeida, hasta cuando dice que no es en este mundo donde está la felicidad, verdad que no necesita que se la diga el padre Almeida a quien tiene ojos en la cara; a la salida de este mundo está, venerable padre, y el enigma se ha descubierto, porque saliendo de él como saldremos para Canarias, debemos tener presente que los antiguos llamaban a estas islas las Islas Afortunadas; es decir, la mansión de la felicidad; así sea, que pronto lo hemos de ver. (III-542)

V. Política

Independencia política

Esta es la razón por la que constantemente he formado en las filas de la oposición; no habiendo habido hasta el día un solo ministerio que haya acertado con nuestro remedio, me he creido obligado a decírselo así claramente a todos.

...Y lo mismo pienso hacer con cuantos ministerios vengan detrás, hasta que tengamos uno perfecto que termine la guerra civil y dé al país las instituciones que, en mi sentir, reclama; el acierto es, pues, el único medio de hacer cesar mis críticas, porque en cuanto a alabar, no es mi misión; ni creo que merece alabanzas el que hace su deber. Por ahí se inferirá que tengo oficio para rato.

Independiente siempre en mis opiniones, sin pertenecer a ningún partido de los que miserablemente nos dividen, no ambicionando ni de un ministerio ni de otro ninguna especie de destino, no tratando de figurar por ningún estilo, estoy escribiendo hace años, y no tuve nunca más objeto que el de contribuir en lo poco que pudiese al bien de mi país, tratando de agradar al mayor número posible de lectores; para conseguirlo creí que no debía defender más que la verdad y la razón; creí que debía combatir con las armas que me siento aficionado a manejar cuanto en mi conciencia fuese incompleto, malo, injusto o ridículo. (III-507)

El salvador

Donde son tan pocos los hombres que hacen siquiera su deber, ¿qué mucho será que el dictado de héroe se aplique a quien se distingue del vulgo haciendo el suyo? Llamamos patriota al que habla y héroe al que se defiende. ¿Qué llamaremos un día al que nos salve, si alguien nos salva? (III-558)

Francia, país ideal por su régimen político

¡Qué mejor país que aquel en que el rey, hijo del republicano Fulano Igualdad, ha sido elegido por el voto popular, después de una revolución arrolladora del trono; que aquel en que el rey, a su advenimiento al solio, se iba por las calles con paraguas debajo del brazo, dando esos cinco a todo el mundo y exclamando a voz en grito: Si queréis en mí una monarquía, ha de ser una monarquía republicana, un trono popular rodeado de instituciones republicanas; palabras memorables consignadas en el programa de la municipalidad y anunciadas por el órgano de la libertad, por Lafayette, en agosto del año 30! (III-589)

El siglo del cuasi. Pesadilla política

Hay hombres que dan su nombre a su siglo, hombres privilegiados que, calculada la fuerza de cuanto los rodea, y la suya propia, saben hacer a la primera tributaria de la segunda; que se constituyen manivelas de la gran máquina en que los demás no saben ser más que ruedas. Dan el impulso, y su siglo obedece. Hombres fascinadores, como la serpiente, que hacen entrar cuanto miran en la periferia de su atmósfera; hombres reverberos, cuya luz se proyecta toda al exterior sobre los demás objetos y les da vida y color. Son los grandes mojones que el Criador coloca a trechos en la creación para recordarle su origen: por ellos se ha dicho, sin duda, que Dios ha hecho el hombre a su semejanza.

¡Sesostris, Alejandro, Augusto, Atila, Mahoma, Tamurbec, León X, Luis XIV, Napoleón! ¡Dioses en la tierra! Sus épocas participaron de su energía y de su grandeza: en derredor suyo y a su ejemplo se produjeron, a modo de emanaciones de ellos, multitud de hombres notables, que recorrieron como satélites su misma carrera. Después de ellos nada. Después del coloso los enanos.

Actualmente empezarnos a dejar atrás una época que tendrá nombre; el último hombre reverbero ha desaparecido. Después del hombre grande, todo hombre es chico. Uno solo falta, y se necesitan cien mil para llenar su vacío. ¡Y aún!!! Expirado el reino del hombre entran los hombres. Agotados los hechos nacen las palabras.

¡Si habrá épocas de palabras, como las hay de hombres y de hechos! ¡Si estaremos en la época de las palabras!

Acababa de hacer estas reflexiones, cuando sentí sobre mí, algo más fuerte que yo; oí sin ver, y mudé de sitio sin andar.

—Ven conmigo, dame la mano. ¿Ves esa mancha enorme que se extiende sobre la tierra, y crece y se desparrama como la gota de aceite que ha caído en el papel de estraza? Es la segunda Babel. Estás sobre París. Mira los mortales de todos los países. Cada cual se apresura a traer aquí una piedra para contribuir al loco edificio. ¿No oyes ya la confusión de las lenguas? El inglés, el alemán, el español, el italiano, el... ¡Babel la nueva! Empiezan a no entenderse. Ya en una ocasión se han tirado unos a otros a la cabeza los materiales de la grande obra; el suelo ha salido de madre como un río de su álveo; las casas se han desmoronado... era el amago de la confusión, de la no inteligencia. ¡Una cadena nos pesa! dijeron: y en vez de añadir: ¡Fuera cadena! clamaron: ¡Otra que no pese! Risum teneatis? El lobo los comía, y en lugar de comerse ellos al lobo, se comieron unos a otros. Raro modo de entenderse. Corrió la sangre, y hoy están como estaban.

Sube a lo más alto, y oirás el ruido inmenso, el ruido del siglo y de sus palabras, y oirás sobre todas ellas la gran palabra, la palabra del siglo.

—Lo que veo es los hombres muy pequeños; pero la distancia sin duda...

—¡Bah! de aquí no se ve más que la verdad. ¿Los ves pequeños? Ahora es únicamente cuando los ves como ellos son. De cerca la ilusión óptica (esta es la verdadera física) te los hace parecer mayores. Pero advierte que esas figuras que semejan hombres, y que ves bullir, empujarse, oprimirse, retorcerse, cruzarse y sobreponerse, formando grupos de vida como los gusanos producidos por un queso de Roquefort, no son hombres tales, sino palabras. ¿No oyes el ruido que se exhala de ellos?

—¡Ah!

¿Qué ves en Bélgica? Un Estado cuasi naciente y cuasi dependiente de sus vecinos, mandado por otro cuasi rey.

Mira la Italia. Tantos Estados cuasi como ciudades: cuasi presa del Austria. La antigua Venecia cuasi olvidada. Un supremo pontífice, en el día cuasi pobre, y del cual cuasi nadie hace caso.

Vuélvete al Norte. Pueblos cuasi bárbaros, regidos por un emperador cuasi déspota en un país cuasi despoblado y desierto. En Alemania los pueblos cuasi más civilizados con un gobierno cuasi temperado por sus Dietas, instituciones cuasi representativas. En Holanda, nación cuasi toda mercantil y navegante, un rey cuasi rabioso, y cuyo poder cuasi se desmorona.

En Constantinopla mismo, un imperio cuasi agonizante, una civilización cuasi naciente, y un sultán cuasi ilustrado, con costumbres cuasi europeas.

En Inglaterra, una industria y un comercio, monopolio cuasi del mundo; un orgullo nacional cuasi insufrible; y otro cuasi rey que no decide cuasi nada, una mayoría cuasi whig. Un gobierno cuasi oligárquico, que tiene la audacia de llamarse liberal.

En Portugal, una cuasi nación, con una lengua cuasi castellana, y recuerdos de una grandeza cuasi borrada. Un cuasi ejército, y una cuasi protección a España, de cuasi seis mil hombres, cuasi todos portugueses.

En España, primera de las dos naciones de la península (es decir, de la cuasi-ínsula), unas cuasi instituciones reconocidas por cuasi toda la nación: una cuasi-Vendée en las provincias con un jefe cuasi imbécil: conmociones aquí y allí cuasi hombres, que cuasi solo existen ya en España. Cuasi siempre regida por un gobierno de cuasi medidas. Una esperanza cuasi segura de ser cuasi libres algún día. Por desgracia muchos hombres cuasi ineptos. Una cuasi ilustración repartida por todas partes. Una cuasi intervención, resultado de un cuasi tratado, cuasi olvidado, con naciones cuasi aliadas. El cuasi en fin en las cosas más pequeñas. Canales no acabados: teatro empezado: palacio sin concluir: museo incompleto: hospital fragmento; todo a medio hacer... hasta en los edificios el cuasi.

Por último, tiende la vista por doquiera: una lucha cuasi eterna en Europa de dos principios: reyes y pueblos, y el cuasi triunfante de ella y resolviéndola con su justo medio de tener cuasi reyes y cuasi pueblos. Época de transición, y gobiernos de transición y de transacción: representaciones cuasi nacionales, déspotas cuasi populares: por todas partes un justo medio, que no es otra cosa que un gran cuasi mal disfrazado.

—¡Oh! dejadme respirar, por Dios; estoy cuasi mareado.

Plutarco ha dicho que los pueblos serían felices, cum reges philosopharentur, aut cum philosophi regnarent. Respetando la opinión de Plutarco, yo me atrevería a decir que los pueblos no serán nunca felices, ni más ni menos que los individuos que los componen. Pero pudieran al menos ser hombres y ser pueblos si no fueran en el día cuasi-nada. Luchando entre principios contrarios, sufren el tormento del que descuartizar, cuatro caballos que corren en direcciones opuestas.

Concluido este cuasi sermón, cesé de oír: y a poco cesé de ver: dejado de la mano del ser fantástico que me sostenía sobre Babel la nueva, volví a caer en París, donde me encontré rodando entre la confusión de palabras vestidas de frac y de sombrero, que a pie y en coche corren las calles de la gran capital. Volví a ver los hombres de nuevo, grandes como no son; y abrí los ojos buscando mi cicerone.

No vi nada, sino el gran cuasi por todas partes. (III-452, 453 y 454)

Soberanía popular

La cuestión de la sucesión de la corona es tanto más inútil cuanto que la humanidad civilizada, al rechazar el dogma sacrílego de la legitimidad, entendida como el acto de reinar solo por derecho divino, le ha proscrito en nombre del progreso, enemigo de la teocracia, de que aquella emana, le ha proscrito en nombre de la inteligencia que la teocracia esclaviza. El dogma de la soberanía popular no es solo inalterable como principio abstracto, sino que es también necesario como garantía social, porque él es, y solo él, quien fija las verdaderas relaciones posibles entre el pueblo y el magistrado supremo, llámese príncipe o no, a quien está cometida la dirección de la cosa pública. Fuera de él no puede haber sino monopolio y violencia.

El régimen representativo

¿Es gobierno representativo lo que tenemos? Todo es aquí representación. Cada liberal es una pura y viva representación de los trabajos y pasión de Cristo, porque el que no anda azotado, anda crucificado. Luego no hay oficina en que no se encuentren representaciones de algún quejoso; hay, por otra parte, muchos que están representando a cada paso sobre lo mucho que no se hace y lo poco que se deshace; verdad es que no se cuida más de estas representaciones que de las teatrales; pero ¿son o no son representaciones? Cada español, por otra parte, representa un triste papel en el drama general, y toda nuestra patria misma está a dos dedos de representar el cuadro del hambre... Todo es, pues, pura representación; venimos con la pregunta truhanesca de si estamos o no en un sistema representativo, es burlarse de uno en sus barbas y preguntarle a un borracho si bebe vino. No solo vivimos bajo un régimen representativo, aunque engañen las apariencias, sino que todo esto no es más que una pura representación, a la cual, para ser de todo punto igual a una del teatro, no le faltan más que los silbidos, los cuales, si se ha de creer en corazonadas y síntomas y señales anteriores, no deben andar muy lejos, ni han de hacerse esperar mucho, según la marca sorda que se empieza ya a sentir. (III-377)

Los trastornos políticos

Dirán que los grandes trastornos políticos no sirven para nada. ¡Mentira! ¡Atroz mentira! Del choque de las cosas y de las opiniones nace la verdad. De dos días de discusión nace un principio nuevo y luminoso. ¿Saben ustedes lo que se ha descubierto en España, en Madrid, ahora, hace poco, hace dos días no más? Se ha descubierto, se ha decidido, se ha determinado que la ley protege y asegura la libertad individual. Cosa recóndita, de nadie sabida, ni nunca sospechada. Han sido precisos todos los sucesos de La Granja, la caída de tres ministerios, una amnistía, la vuelta de todos los emigrados, la rebelión de un mal aconsejado príncipe, una cuádruple alianza, una guerra en Vizcaya, una jura, una proclamación, un estatuto, unas leyes fundamentales, resucitadas en traje de próceres, una representación nacional, dos estamentos, dos discusiones, una corrección ministerial, un empate y la reserva de un voto importante, que no hacía falta, para sacar del fondo del arca política la gran verdad de que la ley protege y asegura la libertad individual. Pero ahora ya lo sabemos. Girolamo, lo sappiamo, responderá alguno: Sappete un!!! Ahora es, y no antes, cuando verdaderamente lo sabemos, y ya nunca se nos olvidará. (III-354)

Chanzas sobre el gobierno

Yo le juro a vuesa merced, por la racional libertad de que gozamos (y es todo un juramento), que quiero que me hagan ministro si me consiento a mí mismo la más leve chanza sobre cosa de gobierno, o que por lo menos lo parezca. No sino ándeme yo en chanzas, y bregue con el censor, y prohíbame el escribir más a mis amigos, que será arrancarme el alma, solo porque él reciba sueldo del gobierno e instrucciones, y yo del gobierno ni quiera lo uno ni necesite lo otro; y préndanme bonitamente, y quédense con el porqué por allá, y... No, señor; si vuesa merced quiere divertirse con mis cartas, dígame quién es, y le escribiré en sesión secreta; todo lo más que puede suceder es que abran la carta; pero entonces, ya, señor bachiller, que la prohíban. Esta, pues, sobre ser la última, no encerrará reflexión ni broma alguna, tanto por las razones dichas, cuanto porque Dios sabe, y si no, lo sé yo, que no tengo para gracias el humor; en punto sobre todo a gobierno haré la del loco con el podenco. «Quita allá, que es gobierno.» Hechos no más en adelante; y si a los hechos, lisa y llanamente contados, les encuentran malicia, no estará en mí, sino en los hechos, o en el que los leyere; entonces malicia encontrarían hasta en una fusión cordial del estamento y del ministerio. (III-350 y 351)

El ministerial

¿Qué me importa a mí que Locke exprima su exquisito ingenio para defender que no hay ideas innatas, ni que sea la divisa de su escuela: Nihil est in intellectu quod prius non fuerit in sensu? Nada. Locke pudiera muy bien ser un visionario, y en ese caso, ni sería el primero ni el último. En efecto, no debía de andar Locke muy derecho; ¡figúrese el lector que siempre ha sido autor prohibido en nuestra patria!... Y no se me diga que ha sido mal mirado, como cosa revolucionaria, porque, sea dicho entre nosotros, ni fue nunca Locke emigrado, ni tuvo parte en la constitución del año 12, ni empleo el año 20, ni fue nunca periodista, ni tampoco urbano. Ni menos fue perseguido por liberal, porque en sus tiempos no se sabía aún lo que era haber en España ministros. Sin embargo, por más que él no escribiese libros de ideas para España, en lo cual anduvo acertado, y por más que se le hubiese dado un bledo de que todos los padres censoresde la Merced y de la Victoria condenasen al fuego sus peregrinos silogismos, bien empleado le estuvo. Yo quisiera ver al señor Locke en Madrid en el día, y entonces veríamos si seguiría sosteniendo que porque un hombre sea ciego y sordo desde que nació no ha de tener por eso ideas de cosa alguna que a esos sentidos ataña y pertenezca. Es cosa probada que el que no ve ni oye claro a cierta edad, ni ha visto nunca, ni verá. Pues bien; hombres conozco yo en Madrid de cierta edad, y no uno ni dos, sino lo menos cinco, que así ven y oyen claro como yo vuelo. Hábleles usted, sin embargo, de ideas: no solo las tienen, sino que ¡ojalá no las tuvieran! Y de que estas ideas son innatas, así me queda la menor duda como pienso en ser nunca ministerial; porque si no nacen precisamente con el hombre, nacen con el empleo, y sabido se está que el hombre, en tanto es hombre en cuanto tiene empleo.

El ministerial podrá no ser hombre, pero se le parece mucho, por de fuera sobre todo: la misma fachada, el exterior mismo. Por supuesto, no es planta, porque no se cría ni se coge; más bien pertenecería al reino mineral, lo uno porque el ministerialismo tiene algo de mina y lo otro porque se forma y crece por superposición de capas; lo que son las diversas capas superpuestas en el reino mineral son los empleos aglomerados en él: a fuerza de capas medra un mineral; a fuerza de empleos crece un ministerial; pero, en rigor, tampoco pertenece a este reino. Con respecto al reino animal, somos harto urbanos para colocar al ministerial en él. En realidad, el ministerial más tiene de artefacto que de otra cosa. No se cría, sino que se hace, se confecciona. La primera materia, la masa, es un hombre. Coja usted un hombre (si es usted ministro, se entiende, porque si no, no vale nada), sonríasele usted un rato y le verá usted ir tomando forma, como el pintor ve salir del lienzo la figura con una sola pincelada. Dele usted un toque de esperanza derecho al corazón, un ligero barniz de nombramiento y un color pronunciado de empleo, y le ve usted irse doblando en la mano como una hoja de sensitiva, encorvar la espalda, hacer atrás un pie, inclinar la frente, reir a todo lo que diga; y ya tiene usted hecho un ministerial. Por aquí se ve que la confección del ministerial tiene mucho de sublime, como lo entiende Longino. Dios dijo: «Fiat lux et lux facia fuit». Se sonrió un ministro y quedó hecho un ministerial. Dios hizo al hombre a su semejanza, por más que diga Voltaire que fue al revés; así también un ministro hace un ministerial a imitación suya. Una vez hecho, le sucede lo que al famoso escultor griego que se enamoró de su hechura, o lo que al Supremo Hacedor, de quien dice la Biblia a cada creación concluida: «Et vidit Deus quod erat bonum». Hizo el ministro su ministerial, y vio lo que era bueno. (III-354 y 355)

La cuestión transparente

No ha dos días que un señor orador apellidó en el estamento de procuradores a la cuestión de los empleos cuestión transparente, porque detrás de ella, por más que se quiera evitar, siempre se ven las personas. Nosotros pensamos lo mismo. Hay expresiones felices que nunca quedarán, en nuestro entender, bastante grabadas en la memoria. Cuanto sea el valor de estas expresiones, dichas en tiempo y lugar, no necesitamos inculcárselo al lector. Felices son por lo bien ocurridas; felices por el apropósito y felices, en fin, porque hacen fortuna. Estas expresiones, de tal suerte dispuestas y colocadas, suelen ser el cachetero de las discusiones, la última mano, la razón, en fin, sin réplica ni respuesta. Después que un orador ha dicho en clara y distinta voz que el pretendiente es un faccioso más, ya quisiera yo saber qué se le contesta. Cuando un orador suelta el mal aconsejado, el importuno, el cimiento y la rama podrida, ya quisiera yo que me dijeran hasta qué punto puede llevarse la cuestión en cuestión; y si hay oradores, si hay epítetos y adjetivos, si hay expresiones felices, hay cuestiones que no lo son menos, se entiende. El fuerte no engaña al débil, por la misma razón: a la simple vista huye el segundo del primero, y este es el orden, el único orden posible. Désele el uso de la palabra; en primer lugar necesitarán una academia para que se atribuya el derecho de decirles que tal o cual vocablo no debe significar lo que ellos quieren, sino cualquiera otra cosa; necesitarán sabios que se ocupen, por consiguiente, toda una larga vida en hablar de cómo se ha de hablar; necesitarán escritores que hagan macitos de papeles encuadernados que llamarán libros para decir sus opiniones a los demás a quienes creen que importa; el león más fuerte subirá a un árbol y convencerá a la más débil alimaña de que no ha sido criada para ir y venir y vivir a su albedrío, sino para obedecerle a él; y no será lo peor que él lo diga, sino que lo crea la alimaña.

Una cuestión, cuando es una simple cuestión, es una cuestión y nada más. Pero hay cuestiones de cuestiones. Las hay espesas y de suyo oscuras y enmarañadas, al trasluz de las cuales nada se ve; puédese escribir encima de ellas non plus ultra; nada hay más allá; entre éstas pudiera muy bien clasificarse la de los derechos sociales. ¿Qué se ve al través de esta cuestión? Nada, ciertamente; algún visto, algún veremos, o por mejor decir, algún no veremos. La de la libertad de imprenta. He aquí otra cuestión, negra como boca de lobo. Encima de ella ya se distinguen algunas prohibiciones, tales cual el destierro; pero al trasluz, ¿qué se ve detrás? Absolutamente nada, como dice Guzmán en La pata de cabra; solo se ve que no se ve nada. La de la milicia urbana; he aquí una señora cuestión; ésta es más tupida que una manta. ¿Qué se ve detrás? Es todo lo más, si confusamente se divisa por encima, un reglamento que se las puede apostar en enmiendas y fe de erratas al mismo Diccionario geográfico.

Es todo lo más si en la superficie se distinguen algunos miles de hombres sin fusiles y multitud de fusiles sin hombres. Pero al trasluz... nada. Semejante al retablo de maese Pedro, las pocas figuras que hay todas están delante. Detrás ni aun Ginesillo de Parapilla y Pasamonte, que las mueve, se distingue.

Estas cuestiones, pues, oscuras y tupidas, no valen nada. Las grandes cuestiones son las transparentes. La de los empleos, por ejemplo, he aquí una cuestión de pura gasa. Aquí es donde se ve claro; detrás de ella no se necesita lente para echar de ver los empleos; y no tamaños como avellanas; el más pequeño, aparece a guisa de un prodigio microscópico, aun más grande que nuestra misma libertad, y en punto a tamaños no hay más que ponderar; pues aún se ve más, porque detrás del empleo se ve a lo lejos (un poco más en pequeño, es verdad) al hombre; pero se ve. ¡Qué no se divisa detrás de ciertos empleos! y no a ojos vistos precisamente, sino aun a cierra ojos. Se ven los empleados, verdad es que apenas se ven los de los tres; pero en fin, se ve; en una palabra, se ve que se ve algo; se ve que se verá más, y se verá, digámoslo de una vez, lo que siempre se ha visto: los compromisos, los amigos, los parientes... es el gran punto de vista; todo se ve. ¡Fatalidad de las cosas humanas! En las otras cuestiones anhelaríamos la transparencia. Y en esta en que se ve nos hallamos precisados a exclamar: ¡Ojalá no se viera!... (III-360 y 361)

Ideología conservadora

¿Y le parece a usted justo, señor Fígaro, que yo y otros como yo, que hemos tenido la gloria y la fortuna de escapar de dos fechas en contra y de dos emigraciones; que hemos vuelto y que, a causa de nuestros antecedentes y de nuestros talentos (perdone usted el galicismo, que me lo traje de Francia), nos hemos encontrado al frente de las cosas con muy buenos destinos, vayamos a incurrir en los mismos tropiezos de antes? No, señor; hemos hecho amende honorable. El andar deprisa los jóvenes solo tendrá por resultado atropellar a los viejos; por consiguiente, queremos orden. Bien comprendo que querrán andar deprisa aquellos emigrados que no han encontrado destinos, porque andando, ellos los toparán. Lo mismo digo de los liberales que quedaron por aquí y los de la nueva cría. Estos, al fin, pueden decir: Hos ego versiculos feci, tulit alter honores... Si no tienen otra cosa todavía, por fuerza han de tener prisa. Pero nosotros, señor Fígaro, los que hemos llegado a mesa puesta...

Nosotros no tenemos más Norte que lo pasado; nosotros vemos la anarquía, persista o no; nosotros nos hemos enmendado; volvamos de nuestros errores y evitaremos a toda costa la libertad de imprenta y toda clase de libertad; la república nos acecha, el gorro nos amenaza, la guillotina nos amaga y nuestro libro consultor es el año 23, y, sobre todo, el 92.

He dicho todo esto porque, deseando el bien para mi patria y que evitemos los escollos pasados, creo que debemos ir poco a poco y unirnos cordialmente los que tenemos los destinos y los que no los tienen. Entendámonos, por fin, de esta manera. Ya ve usted que soy hombre que me pongo en todo; me he puesto en mi destino y ahora me pongo en la razón. (III-367)

Ventajas de la censura

Un artículo en blanco es susceptible de las interpretaciones más favorables; un artículo en blanco es un artículo en el sentido de todos los partidos, es cera blanda, a la cual puede darse a voluntad la forma más adaptada al gusto de cada uno. Un artículo en blanco es además picante, porque excita la curiosidad hasta un punto difícil de pintar. ¿Qué dirá? ¿Qué no dirá? En un mundo como éste, de ilusión y fantasmagoría, donde no se goza sino en cuanto se espera, es indudable que el hacer esperar es hacer gozar. Las cosas, una vez tocadas y poseídas, pierden su mérito; desvanécese el prestigio, rómpese el velo con que nuestra imaginación las embellecía y exclama el hombre desengañado: ¿Es esto lo que anhelaba?

Este sistema de hacer gozar haciendo esperar, del cual pudiéramos citar en el día algún sectario famoso, es evidente, y por él nunca podrá entrar en competencia con un artículo en blanco un artículo en negro. Éste ya sabemos lo que puede querer decir, aunque no sea más que haciendo deducciones del color. (III-320)

La ley, sobre todo la ley...

Hay verdades de verdades, y a imitación del diplomático de Scribe, podríamos clasificarlas, con mucha razón, en dos: la verdad que no es verdad y... Dejando a un lado las muchas de esa especie que en todos los ángulos del mundo pasan convencionalmente por lo que no son, vamos a la verdad verdadera, que es indudablemente la contenida en el epígrafe de este capítulo.

Una cosa aborrezco, pero de ganas, a saber: esos hombres naturalmente turbulentos que se alimentan de oposición, a quienes ningún gobierno les gusta, ni aun el que tenemos en el día; hombres que no dan tiempo al tiempo, para quienes no hay ministro bueno, sobre todo desde que se ha convenido con ellos en que Calomarde era el peor de todos; esos hombres que quieren que las guerras no duren, que se acaben pronto las facciones, que haya libertad de imprenta, que todos sean milicianos urbanos... Vaya usted a saber lo que quieren esos hombres. ¿No es un horror?

Yo no. Dios me libre. El hombre ha de ser dócil y sumiso, y cuando está sobre todo en la clase de los súbditos, ¿qué quiere decir esa petulancia de juzgar a los que le gobiernan? ¿No es esto la débil y mezquina criatura pidiendo cuentas a su Criador?

La ley, señor, la ley. Clara está y terminante, impresa y todo; no es decir que se la dan a uno de tapadillo. Ése es mi Norte. Cójame Zumalacárregui si se me ve jamás separarme un ápice de la ley.

Quiero hacer un artículo, por ejemplo; no quiero que me lo prohíban, aunque no sea más que por no hacer dos en vez de uno. ¿Y qué hace usted?, me dirán esos perturbadores que tienen siempre la anarquía entre los dedos para soltársela encima al primer ministro que trasluzcan; ¿qué hace usted para que no se lo prohíban?

¡Qué he de hacer, hombres exigentes! Nada: lo que debe hacer un escritor independiente en tiempos como estos de independencia. Empiezo por poner al frente de mi artículo para que me sirva de eterno recuerdo: «Lo que no se puede decir, no se debe decir». Sentada en el papel esta provechosa verdad, que es la verdadera, abro el reglamento de censura; no me pongo a criticarlo, ¡nada de eso! No me compete. Sea reglamento o no sea reglamento, cierro los ojos y venero la ley, y la bendigo, que es más. Y continúo:

«Art. 12. No permitirán los censores que se inserten en los periódicos:

Primero. Artículos en que se viertan máximas y doctrinas que conspiren a destruir o alterar la religión, el respeto a los derechos y prerrogativas del trono, el estatuto real y demás leyes fundamentales de la monarquía.»

Esto dice la ley. Ahora bien; doy el caso que me ocurra una idea que conspira a destruir la religión. La callo, no la escribo, me la como. Este es el modo. (III-379)

Modos de esquivar la censura oficial

Que no pasan las sátiras e invectivas contra la autoridad; pues no se ponen tales sátiras ni invectivas. Que las prohíben, aunque se disfracen con alusiones o alegorías; pues no se disfrazan. Así como así, ¡no parece sino que es cosa fácil inventar las tales alusiones ni alegorías!

Los escritos injuriosos están en el mismo caso. Aun cuando vayan con anagramas o en otra cualquiera forma, siempre que los censores se convenzan de que se alude a personas determinadas.

En buen hora; voy a escribir ya; pero llego a este párrafo y no escribo. Que no es injurioso, que no es libelo, que no pongo anagrama. No importa; puede convencerse el censor de que se alude, aunque no se aluda. ¿Cómo haré, pues, que el censor no se convenza? Gran trabajo: no escribo nada; mejor para mí, mejor para él, mejor para el gobierno; que encuentre alusiones en lo que no escribo. He aquí, he aquí el sistema. He aquí la gran dificultad por tierra. Desengañémonos: ¡nada más fácil que obedecer! Pues entonces ¿en qué se fundan las quejas? ¡Miserables que somos!

Los escritos licenciosos, por ejemplo. ¿Y qué son escritos licenciosos? ¿Y qué son costumbres? Discurro, y a mi primera resolución nada escribo; más fácil es no escribir nada que ir a averiguarlo.

Buenas ganas se me pasan de injuriar a algunos soberanos y gobiernos extranjeros. Pero ¿no lo prohíbe la ley? Pues chitón.

Hecho mi examen de la ley, voy a ver mi artículo; con el reglamento de censura a la vista, con la intención que me asiste, no puedo haberlo infringido. Examino mi papel; no he escrito nada, no he hecho artículo, es verdad. Pero, en cambio, he cumplido con la ley. Este será eternamente mi sistema; buen ciudadano, respetaré el látigo que me gobierna y concluiré siempre diciendo: «Lo que no se puede decir, no se debe decir». (III-379 y 380)

Diatriba contra la censura

En los países en que se cree que es dañoso que el hombre diga al hombre lo que piensa, lo cual equivale a creer que el hombre no debe saber lo que sabe, y que las piernas no deben andar; en los países donde hay censura, en esos países es donde se escribe para otro, y ese otro es el censor. El escritor que, lleno ya un pliego de papel, lo lleva a casa de un censor, el cual le dice que no se puede escribir lo que él lleva ya escrito, no escribe ni siquiera para sí. No escribe más que para el censor. Este es el único hombre en quien yo disculparía que escribiese un libro de memorias, y hasta que escribiese un memorial. A mayores tonterías puede obligar una prohibición.

Estoy muy lejos de querer decir que yo haya escrito nunca para otro en este sentido, porque, aunque es verdad que he tenido relaciones con varios señores censores, por otra parte muy beneméritos, puedo asegurar que en cuanto he escrito nunca he puesto una sola palabra para ellos, no porque no crea que no son muy capaces de leer cualquier cosa, sino porque siempre acaban por establecerse entre el censor y el escritor etiquetillas fastidiosas y dimes y diretes de poca monta, y, a decir verdad, soy poco amigo de cumplimientos. Los de los censores me hacen el mismo efecto que le hacían al portugués los del casteçao. El cuento es harto sabido para repetirlo. Esto sería no escribir para nadie. (III-404 y 405)

El ídolo policíaco

Países hay donde se cree que la perfección consiste en que las cosas sean buenas para los más; pero también hay países donde se cree en brujas, y no por eso son las brujas más verdaderas. Dejemos, por consiguiente, este punto, que entra en el número de los muchos que no son oportunos todavía para nosotros, y convengamos únicamente en que hay cosas buenas.

Sabido esto, pocas hay que se puedan comparar con la policía. Por lo pronto, su origen está en la naturaleza: la policía se debe al miedo, y el miedo es cosa tan natural, que, poco o mucho, no hay quien no tenga alguno; y esto sin contar con los que tienen demasiado, que son los más. Todos tenemos miedo: los cobardes, a todo; los valientes, a parecer cobardes; en una palabra, el que más hace es el que más lo disimula, y esto no lo digo yo, precisamente; antes que yo lo ha dicho Ercilla en dos versos, por más señas, que, si bien pudieran ser mejores, difícilmente podrían ser más ciertos:

El miedo es natural en el prudente,
y el saberlo vencer es ser valiente.

Preclaro es, pues, el origen de la policía. No nos remontaremos a las edades remotas para encontrar apoyos en favor de la policía. Trabajo inútil, pues ya nos lo dan hecho; un orador ha dicho que en todos los países la ha habido, con este o aquel nombre, y es punto sabido y muy sabido que la había en Roma y en el consulado de Cicerón; no se sabe si con este o con aquel nombre, no precisamente con su subdelegado al frente y sus celadores al pie; pero ello es que la había, y si la había en Roma, es cosa buena; si a esto se añade que la hay en Portugal y que el pueblo da a sus individuos el nombre de morcegos, ya no hay más que saber. Venecia ha sido el Estado que ha llevado a más alto grado de esplendor la policía; pues, ¿qué otra cosa era el famoso Tribunal Pesquisidor de aquella república? A ella se debía la hermosa libertad que se gozaba en la reina del Adriático, y que con colores tan halagüeños nos ha presentado un literato moderno en la escena y un célebre novelista en El Bravo. La Inquisición no era tampoco otra cosa que una policía religiosa; y si era buena la Inquisición no hay para qué disputarlo. Aquí se prueba lo que ha dicho el orador citado, de que siempre ha existido en todos los países con este o aquel nombre.

Otra prueba de que es cosa buena la policía es su existencia, no solo en Roma y en Portugal, sino también en Austria; y sobre todo, en la parte de Italia sujeta a aquel Imperio, donde es delito a los ojos de la policía haber a las manos un papel francés. Así son los italianos tan felices, así se hacen lenguas del emperador de Austria. Oígase otro ejemplo. Ahí está la Polonia, que debe su actual felicidad, ¡vaya si es feliz!, a la policía rusa. Que la policía es, pues, una institución liberal, se deduce claramente de su existencia en Austria y en Polonia; y si nos venimos más acá, veremos que en Francia la instaló Bonaparte, uno de los amigos más acérrimos de la libertad, y tanto, que él tomó para sí toda la que pudo coger a los pueblos que sujetó; y a España, por fin, la trajo el célebre conquistador del Trocadero el año 23, y fue lo que nos dio en cambio y permuta de la constitución que se llevó; prueba de que él creía que valía tanto, por lo menos, la policía como la Constitución. (III-391)

Periódico nuevo

¿Por qué no he de publicar yo un periódico? En todos los países cultos y despreocupados la literatura entera, con todos sus ramos y sus diferentes géneros, ha venido a clasificarse, a encerrarse modestamente en las columnas de los periódicos. No se publican ya infolios corpulentos de tiempo en tiempo. La moda del día prescribe los libros cortos, si han de ser libros. Y si hemos de hablar en razón; si solo se ha de escribir la verdad; si no se ha de decir sino lo que de cierto se sabe, convengamos en que todo está dicho en un papel de cigarro. Los adelantos materiales han ahogado de un siglo a esta parte las disertaciones metafísicas, las divagaciones científicas; y la razón, como se clama por todas partes, ha conquistado el terreno de la imaginación, si es que hay razón en el mundo que no sea imaginaria. Los hechos han desterrado las ideas; los periódicos, los libros. La prisa, la rapidez, diré mejor, es el alma de nuestra existencia, y lo que no se hace deprisa en el siglo XIX, no se hace de ninguna manera; razón por la cual es muy de sospechar que no hagamos nunca nada en España. Las diligencias y el vapor han reunido a los hombres de todas las distancias: desde que el espacio ha desaparecido en el tiempo, ha desaparecido también en el terreno. ¿Qué significaría, pues, un autor, formando a pie firme un libro, detenido él solo en medio de la corriente que todo lo arrebata? ¿Quién se detendría a escucharle? En el día es preciso hablar y correr a un tiempo, y de aquí la necesidad de hablar de corrido, que todos, desgraciadamente, no poseen. Un libro es, pues, a un periódico, lo que un carromato a una diligencia. El libro lleva las ideas a las extremidades del cuerpo social con la misma lentitud, tan a pequeñas jornadas como éste lleva la gente a las provincias. Así solo puede explicarse la armonía, la indispensable relación que existe entre la ilustración del siglo y la escasez de los libros nuevos. De otra suerte, sería preciso inferir que la civilización mata las artes y las letras. Y decimos las artes, porque aquella misma rapidez de existencia ha lanzado sobre el terreno de la pintura la litografía, y ha levantado al lado de las antiguas moles de arquitectura gótica de los tiempos lentos, las modernas construcciones de las ratoneras que por casas habitamos en el día.

Convencidos de que el periódico es una secuela indispensable, si no un síntoma de la vida moderna, esperarían tal vez aquí nuestros lectores una historia de esta invención, una seria disertación sobre los primeros periódicos, y acerca de si debieron o no su primer nombre a una moneda veneciana que limitaba su precio. Nada de eso. Solo diremos que los primeros periódicos fueron gacetas; no nos admiremos, pues, si, fieles a su origen, si, reconociendo su principio, los periódicos han conservado la afición a mentir, que las distingue de las demás publicaciones desde los tiempos más remotos; en lo cual no han hecho nunca más que administrar una herencia. Es su mayorazgo; respetemos éste como los demás, pues que estamos a esta altura todavía. (III-386)

Secciones de un periódico

Artículos de política. Los habrá. Estos, en no entendiéndolos nadie, estamos al cabo de la calle. Y eso no es difícil: sobre todo, quien no los ha de entender es el censor. Oposición: eso, por supuesto. A mí, cuando escribo, me gusta siempre tener razón.

De hacienda. Largamente, pero siempre en broma, para nosotros será un juego esto; no nos faltará a quién imitar. Los asuntos de cuentas solo son serios para quien paga; pero para quien cobra...

De guerra. También daremos artículos, y en abundancia: buscaremos primero quien lo entienda y quien sepa hablar de la materia; por lo demás, saldremos del paso, si no bien, mal; nunca serán los artículos tan pesados como el asunto.

De interior. Hasta los codos. Desentrañaremos esto; y tanto queremos hablar de esta materia, que no nos detendremos en enumerar lo que se ha hecho; solo hablaremos de lo que falta por hacer.

De Estado. Aquí nos extenderemos sobre el statu quo y sobre el Estatuto, y nos quedaremos extendidos; ni moveremos pies ni pata.

De marina. Esto es más delicado. ¿Ha de ser Fígaro el único que hable de eso? No me gusta ahogarme en poca agua.

De gracia y justicia. He dicho muchas veces que no soy ministerial; haré, por lo tanto, justicia seca. ¡Ojalá que me dejen también hacer gracias!

De literatura. En cuanto se publique un libro bueno, le analizaremos; por consiguiente, no seremos pesados en esta sección.

De teatro español. No diremos nada mientras no haya nada que decir. Felizmente, va para largo.

De actores. Aquí seremos malos de buena fe.

De música. Buscaremos un literato que sepa música, o un músico que sepa escribir: entretanto Fígaro se compondrá, como se han compuesto hasta el día, los demás periódicos. Felizmente pillaremos al público acostumbrado, y él y nosotros estamos iguales.

Modas. En esta sección hablaremos de empréstitos, de intrigas, de favor... en una palabra, lo que corre... a la dernière siempre.

De costumbres. Por supuesto, malas: lo que hay; escribiremos cómo otros viven sobre el país. Fígaro hablará, bajo este título, de paciencia, de tinieblas, de mala intención, de atraso, de pereza, de apatía, de egoísmo. En una palabra, ¡de nuestras costumbres!

Anuncios. Queriendo hacer lo más corta posible esta parte del periódico, solo anunciará las funciones buenas, los libros regulares, las reformas, los adelantos, los descubrimientos. Ni se pondrán las pérdidas, ni menos todo lo que se vende entre nosotros. Esto sería no acabar nunca. (III-387 y 388)

La revolución pacífica

La revolución que se verifica por medio de la palabra es la mejor y la que con preferencia admitimos; la que se hace por sí sola, porque es la estable, la indestructible. Por eso, a nuestros ojos, el mayor crimen de los tiranos es el de obligar frecuentemente a los pueblos a recurrir a la violencia contra ellos, y en tales casos solo sobre sus cabezas recae la sangre derramada; ellos solo son los responsables del trastorno y de las reacciones que siguen a los pronunciamientos prematuros. Sin ellos, la opinión sola derribaría; y cuando la opinión es la que derriba, derriba para siempre; la violencia deja tras sí, al derribar, la probabilidad de la reacción a la fuerza hoy vencida y que puede ser vencedora mañana. El paganismo, cayendo ante el poder de la opinión y a la voz de Cristo, cayó para siempre, al paso que la fuerza colosal del imperio romano no consiguió ahogar la voz de Cristo, en la apariencia más débil, pero, en realidad, más poderosa, porque se apoyaba en la convicción. La inquisición, que nadie ha destruido violentamente en ninguna parte, y que ha muerto por sí sola a manos de la opinión, bien como el tormento, no volverá a aparecer jamás sobre la tierra. Por el contrario, hemos visto un ejemplo de la inutilidad de la fuerza en esa misma religión cristiana, que, derribada por el torrente de los excesos de sus ministros y falsarios en un país vecino, donde provocaron la violencia contra ella, volvió a aparecer casi por sí sola. La opinión no le había abierto la huesa todavía. Tan liberales somos; tan allá llevamos el respeto debido a la mayoría, al voto nacional, a la soberanía del pueblo, que no reconocemos más agente revolucionario que su propia voluntad. (IV-193)

Lamentos de un patriota

Yo estaba en Madrid este carnaval pasado, esperando la suerte que me correspondiese, puesto que había tomado parte en el movimiento popular ocurrido en agosto en esta capital. En busca de mi propia seguridad me lancé a Valencia, donde me agregué a los patriotas que, dirigidos por la junta de aquella provincia, se levantaron allí como en otros puntos de España para oponer un dique al ministerio Toreno, de triste recordación. Caído éste y de vuelta de Valencia, esperaba en Madrid que se me destinase al ejército para seguir la carrera militar que he abrazado, o que se hiciese de mí lo que en justicia pareciese conveniente, según los servicios que pudiese haber prestado a la causa pública... Una casualidad, no sé si feliz o desgraciada para mí, me puso en relación, en medio de un baile de máscaras, con el actual señor presidente del consejo de ministros, quien parecía haber conocido a mi señor padre, y que no se desdeñó en aquella noche de manifestarme un aprecio singular y aun de hacerme concebir esperanzas medianamente lisonjeras acerca de mi suerte futura... Viniendo tales promesas de compatriota tan eminente y del hombre que constituía las esperanzas del país, en una palabra: del señor presidente del consejo de ministros, ministro de la guerra en interinidad, no solo no tuve inconveniente en darle crédito, sino que hubiera creído injurioso para su excelencia abrigar la menor duda acerca de su sinceridad, y dime una y mil enhorabuenas por la buena suerte que me había deparado tan a tiempo la protección de ese extraordinario personaje. Bien caigo ahora en la cuenta de que las promesas arriba indicadas se me hicieron en un baile de máscaras. ¿Debo inferir de aquí que no pudieran pasar nunca de una broma de carnaval, y que yo he andado ligero en entenderla al pie de la letra como hombre de poco mundo? Puedo asegurar a ustedes, sin embargo, que entonces me pareció que su excelencia estaba sin careta, y que no llevaba más disfraz que el de ministro, y que yo vi a su excelencia con esa misma cara que sigo usando, que todos mis amigos me conocen y que es pública en Madrid, y aun con mucha más formalidad de la que acostumbro a tener cuando oigo promesas de ministros. (XV-891)

Las ventajas de ser liberal

Verdades, lector, que, si como te había de dar por conspirar en favor de los diez años, te da por conspirar en favor de los tres, hay una diferencia, y es que entonces no necesitas salir al campo ni tirar un tiro para que te prendan, sino que te vienen a prender a tu misma casa, que es gran comodidad; pero, amigo mío, no se cogen truchas a bragas enjutas, y algo le ha de costar a uno ser liberal. Y luego que eso te sucederá si eres tonto, porque nadie te manda ser liberal; tú puedes ser lo que te dé la gana. Añade a eso que libertad completa no la hay en el mundo; que eso es un disparate. Así es que, cuando yo digo que somos libres, no quiero decir por eso que podemos ser liberales a banderas desplegadas y salir diciendo por las calles: «¡Viva la libertad!» u otros despropósitos de esta especie, y que podemos dar en tierra con los empleados de Calomarde que quedan en su destino, lo cual tampoco sería justo, porque yo no creo que porque los haya empleado éste o aquél dejen por eso de necesitar un sueldo... ¡Pobrecillos! Nada de eso: quiero decir que podemos gritar en días solemnes «¡Viva el Estatuto!», y podemos estar cada uno en su casa y callar a todo siempre y cuando nos dé la gana. Si esto no es libertad, venga Dios y véalo. Lo mismo es esto que lo de la libertad de imprenta. ¿Y quién duda que tenemos libertad de imprenta? ¿Que quieres imprimir una esquela de convite; más una esquela de muerto; más, todavía, una tarjeta con todo tu nombre y tu apellido, bien especificado? Nadie te lo estorba. Ahí verás cuán equivocado vives y cuán peligroso es creerse de los informes que da cualquiera. Que eres poeta y que llega un día de Su Majestad y haces una oda; allí puedes alabar todo lo que pasa y puedes decir que todo va bien, en buenos o malos versos, que toda esa libertad te dejan. Y también puedes decirlo en prosa y puedes no decirlo de ninguna manera, si eres hombre de sentido común, y nadie se mete contigo. (III-378)

El peligro para el pueblo español

Cuando yo veo a los principales pueblos de una nación alzarse tumultuosamente, y a pesar de las guarniciones y de la guardia nacional, y del poder del gobierno, atropellar el orden y propasarse a excesos lamentables en distantes puntos, en épocas diversas, y a despecho de las sentimentales versiones de los periódicos, difícilmente me atrevo a juzgarlos con ligereza; mientras mayores son los excesos, más increíble el olvido de las leyes y más fuerte la insurrección, más me empeño en buscarles una causa; ni en el orden físico ni el moral comprendo que lo poco pueda más que lo mucho: no comprendo que pueda suceder nada que no sea natural, y para mí natural y justo son sinónimos. De donde infiero que una insurrección triunfante es cosa tan natural como la erupción de un volcán, por perjudicial que parezca. Una causa no es una defensa; pero es una disculpa, desde el momento en que se me conceda que una causa dada ha de tener forzosamente un efecto.

Ahora bien. ¿En dónde ve el pueblo español su principal peligro, el más inminente? En el poder dejado por una tolerancia mal entendida, y por muy largo espacio, al partido carlista; en la importancia que de resultas de la indulgencia y de un desprecio inoportuno ha tomado la guerra civil. ¿No veía en los conventos otros tantos focos de esa guerra, en cada fraile un enemigo, en cada carlista preso un reo de Estado tolerado? ¿No procedía del poder de esos mismos enemigos, dominantes siglos enteros en España, la larga acumulación de un antiguo rencor jamás desahogado? ¿Qué mucho, pues, que la sociedad acometida en masa se defienda? ¿Qué mucho que no pudiendo ahogar de una vez al enemigo entre sus brazos, se arroje sobre la fracción más débil del que tiene más cerca y a su disposición? Solo puede ser generoso el que es ya vencedor; si al gobierno le es dado juzgar y condenar legalmente, es porque está fuera de combate, porque representa a la justicia imparcial. Pero se pretende que de dos atletas, en la fuerza de la pelea, el uno continúe su victoria hasta acabar con su enemigo, y que éste se contente con decirle: «¡Espérate, no me mates, que voy a dar parte a la justicia que es de mi partido, para que ella te ahorque!». (III-406 y 407)

Palabrería en política

Escribiré sobre política. ¿Qué otro recurso me queda? Verdad es que de política no entiendo una palabra. Pero, ¿en qué minucias me paro? ¡Si seré yo el primero que escriba política sin saberla!... Manos a la obra; junto palabras y digo: conferencias, protocolos, derechos, representación, monarquía, legitimidad, notas, usurpación, Cámaras, Cortes, centralizar, naciones, felicidad, paz, ilusos, incautos, seducción, tranquilidad, guerras, beligerantes, armisticios, contraproyecto, adhesión, borrascas políticas, fuerzas, unidad, gobernantes, máquinas, sistemas, desquiciadores, revolución, orden, centros, izquierda, modificación, bill, reformas, etc., etc. Ya hice un artículo, pero, ¡oh, cielos!, el editor me llama.

—Señor Fígaro, usted trata de comprometerme con las ideas que propala en ese artículo...

—¿Yo propalo ideas, señor editor? ¡Crea usted que es sin saberlo!... ¿Conque tanta malicia tiene? (III-267)

Ironías sobre la república

Ir a los Estados Unidos fue idea que me ocurrió más de una vez; pero también era fuerte cosa irse a un pueblo donde no hay ni ha habido nunca reyes. ¿Cómo diablos se componen y viven y prosperan? Deben ser unos brutos, por lo menos.

Eso solo prueba que debe de ser gente de suyo demagógica, anarquista y desmoralizada; por lo menos, es gente rara, y aun pensando como piensan ya en el día los hombres que están a la altura del siglo, es fuerza confesar dos cosas: la una, que es gente atrasada; esas ideas de república son ideas viejas e ideas del año 89, y ahora, en el día, me parece que ya es tiempo de que sepamos algo más; y la otra, que yo tengo para mí que los que quieren república, no quieren más que desorden y volvernos al tiempo del despotismo, que es a lo que tiran solapadamente las repúblicas; así es que en España es cosa sabida que los que afectan deseos de república no son más que agentes de don Carlos; de donde se infiere claramente que en los Estados Unidos son irrecusablemente carlistas, y al tiempo por testigo.

Y buscando ejemplos en la antigüedad, yo probaría que las repúblicas fueron siempre carlistas y perecederas. Las de Grecia, por ejemplo, no duraron más que lo que duró la Grecia; y la de los romanos mismos, ¿qué duró, sino setecientos años? ¿Qué son setecientos años para nosotros? Y eso que ni en Roma ni en Atenas no se publicó jamás ni El Zurriago, ni Eco de Comercio, ni papel ninguno carlista, que eso hubiera sido otro cantar. Los que en contra de los gobiernos democráticos alzan la voz en el día dan por prueba de su mala condición el no ser duraderos. Está probado que no es bueno más que lo que dura; dos consecuencias sacaré de aquí: 1.ª que como nada dura, no hay cosa buena en el mundo; 2.ª que habiendo durado más la inquisición que los gobiernos populares, es mejor la inquisición. (III-588 y 589)

La felicidad de España

Hay entre nosotros unos pocos hombres que andan jugando a la gallina ciega con nuestra felicidad y que tienen el raro tino de traer siempre las cosas al revés. Estos tales habían leído ya el año 12 los escritos del siglo pasado y se habían hecho ellos solos liberales, que no había más que pedir. Oyeron el grito de independencia nacional, y dijeron para su sayo: ¡Oiga! La España se ha ilustrado; con lo cual no tuvieron duda en que se podía dar una constitución, y diéronse una especie de código, sagrado, respetable siempre, como paladín que fue de nuestra independencia y cuna de nuestra libertad; pero cuya bondad no hubo de ser muy comprendida por los pueblos todos, realmente atrasados para tanta mejora, pues que en cuanto se presentó el amo de casa hubo día de sábado, y quedó el suelo limpio de innovaciones. Los hombres de que voy hablando dijeron: «Esto ha sido una traición, y otra vez sucederá mejor». Esperaron, y el año 20 helos aquí que tornan a poner la mesa y los mismos manjares sobre ella, porque el apetito —decían— era el mismo. Pero van y vienen días; van y vienen franceses; viene y se va la Constitución. Ya en medio de los tres años entró en reflexión alguno de ellos, y dijo para sí empezando a escarmentar: «Acaso no está la España bastante ilustrada, y no tiene su estómago tanto apetito como yo le había supuesto; no será malo sustituir las Cámaras a la Constitución». Pero el tercero en discordia decidió la cuestión y mientras que aquéllas y ésta se andaban representando la comedia de: ¿Quién ha de mandar en casa? se adjudicó él a sí mismo la parte del león de la fábula. Nuestros hombres pasaron diez años en el extranjero, y aquellos de quienes voy hablando, en lugar de decir esta vez como dijeron la primera: Esto ha sido traición, que entonces hubieran acertado, dijeron: Está visto, la España no está ilustrada. La cosa es clara; la intentona había sido malograda dos veces; era preciso inferir una de dos cosas: O los gobernantes o los gobernados no sirven para el paso. Alguien que hubiese sido modesto hubiera dicho: ¿Si seremos unos torpes? Pero nuestros hombres dijeron: Ellos son unos sandios. Y pusieron de nuevo la mesa: «Pero esta vez —añadieron— no os hemos de ahitar, porque si el año 12 no teníais apetito, si el año 23 dejasteis hundirse el banquete, ¿cómo podréis digerirlo el 34?» Rara consecuencia: yo hubiera sacado precisamente la contraria; porque algo debíamos haber adelantado del año 12 al 20 y del 23 al 34. De suerte, que ellos, que habían andado demasiado cuando los demás estaban parados, comenzaron a pararse cuando los demás comenzaron a andar. (III-460 y 461)

VI. Crítica de teatros

El derecho de propiedad

No comprendemos, en realidad, por qué ha de ser un autor dueño de su comedia; verdad es que en la sociedad parece a primera vista que cada cual deba ser dueño de lo suyo; pero esto no se entiende de ninguna manera con los poetas. Éste es un animal que ha nacido como la mona para divertir gratuitamente a los demás, y sus cosas no son suyas, sino del primero que topa con ellas y se las adjudica. ¡Buenas razones que el hombre haya hecho su comedia para que sea suya! ¡Lindo donaire! Dios crió él poeta para el librero, como el ratón para el gato, y caminando sobre este supuesto, que nadie no podrá negar, es cosa clara que el impresor que se apodera del libro ajeno cumple con su instinto, hace una obra meritoria y si no gana el cielo, gana el dinero, que para ciertas conciencias todo es ganar.

Así que asombrados estamos de la bondad y largueza de aquellos impresores honrados (que también los hay) que se dignan favorecer al autor con pedirle su permiso y su comedia, pagarle el precio convenido y darla después lícitamente al público; éstos deben de entender poco o nada de achaques de conciencias, porque ¡cuánto más sencillo y natural es salirse a caza de comedias (como quien sale a caza de calandrias, tirar a la bandada y caiga la que caiga)! y redimir con ellas la imprenta y redimir al autor.

Nosotros, a fe de poetas, si es que se deja a los poetas tener siquiera fe, ya que tan poca esperanza tienen, les juramos no acudir a ponerles pleito, porque nunca hemos gustado de cuestiones de nombre, y tanto se nos da de que sea la divina Astrea la que saque el fruto de nuestras comedias, como de que sea el librero; con la ventaja para éste de que siquiera nos da gloria, al paso que la otra solo nos podría dar cuidados y las conchas vacías de la ostra que se hubiese engullido. Hágales, pues, muy buen provecho a los señores tratantes en libros que esto hacen, nuestro ingenio, que mientras estemos nosotros aquí no les ha de faltar modo de vivir, y aun quizás nos demos por muy honrados y contentos. (I-23 y 24)

Desaliento de los autores

Cuando los poetas ven que falta en el auditorio ese orgullo nacional, capaz de hacer milagros dondequiera que exista; cuando oye aplaudir indistintamente las mezquinas traducciones extrañas a nuestras costumbres, y preferirlas acaso a las obras originales; cuando las ve pagar con tan poca diferencia, ¿qué mucho que no se canse en correr en pos de la perfección?... ¡Cuánto más fácil es traducir en una semana una comedia que hacerla original en medio año! ¿Por qué ha de emplear tanto tiempo, tantos afanes, por conseguir aquel mismo premio que en menos tiempo y con menos trabajo puede alcanzar? De aquí las miserables traducciones; de aquí la expulsión del buen género para hacer lugar al género charlatán que deslumbra con fáciles y sorprendentes golpes de teatro. De aquí la ausencia de caracteres, de pasiones y de virtudes, para sustituirlas esos traidores falsos y eternos que hacen el mal para buscar el efecto, esos crímenes no justificados y esos vicios asquerosos pintados de una manera todavía más asquerosa. No se crea, sin embargo, porque hemos expuestos aquí estos descargos de los poetas que los consideramos tan inocentes como los demás; nada de eso. Dentro de poco probaremos que, si bien éstas son disculpas, no son razones para seguir en el torpe camino en que se han encerrado; probaremos que si alguno debe obrar heroicamente, es el poeta. (I-42)

Desprecio a la propiedad intelectual

Los teatros de provincias se creen autorizados, una vez representada una comedia en Madrid, a sustraer copias fraudulentas y a representarla en todas partes, muy persuadidos de que los autores no tienen derecho alguno a impedírselo y clamando con la fábula: ¡Para mí los crió la Providencia! En el reglamento que tenemos a la vista se establecía que los tales teatros pagasen al autor con arreglo a sus facultades, ni más ni menos que los de Madrid. Pero claman los actores: ¡La costumbre es ley! Bien haya la costumbre; podrá ser así, en cuyo caso no sospecho por qué han de ahorcar a los ladrones, siendo una costumbre tan antigua la de robar. (I-44)

Por florecimiento del teatro

Fórmese el público, y si otras causas no concurren, como es de desear, a su instrucción general, tan necesaria, tomen sobre sí los que escriben para él tan ardua empresa; más generosos que hasta ahora, no doblen la cerviz al mal gusto; den la ley y no la reciban. Reconózcase la propiedad y séalo el talento; descárguense los teatros de las numerosas cargas que los abruman; mejórense los actores y prémiense generosamente. Vigile una censura juiciosa para que nuestra religión y nuestras leyes sean respetadas de los escritores; pero sin oponer obstáculos jamás a la representación de las obras inocentes. Entonces tendremos teatro español; entonces el suelo de los Lopes y Calderones, de los Tarsos y los Moretos, volverá a retoñar ingenios; entonces citaremos con orgullo una literatura nuestra y una diversión racional que tienen todos los países cultos y que nosotros hasta ahora hemos dejado perecer al poderoso influjo de una infinidad de concausas ominosas. (I-45)

Yo quiero ser cómico

No fuera yo Fígaro, ni tuviera esa travesura y maliciosa índole que malas lenguas me atribuyen, si no sacara a luz pública cierta visita que no ha muchos días tuve en mi propia casa.

Columpiábame en mi mullido sillón, de estos que dan vueltas sobre su eje, los cuales son especialmente de mi gusto por asemejarse en cierto modo a muchas gentes que conozco, y me hallaba en la mayor perplejidad sin saber cuál de mis numerosas apuntaciones elegiría para un artículo que me correspondía ingerir aquel día en la Revista. Quería yo que fuese interesante sin ser mordaz, y conocía toda la dificultad de mi empeño, y sobre todo que fuese serio, porque no está siempre un hombre de buen humor, o de buen talante para comunicar el suyo a los demás. No dejaba de atormentarme la idea de que fuese histórico, y por consiguiente verídico, porque mientras yo no haga más que cumplir con las obligaciones de fiel cronista de los usos y costumbres de mi siglo, no se me podrá culpar de mal intencionado, ni de amigo de buscar pendencias por una sátira más o menos.

Hallábame, como he dicho, sin saber cuál de mis notas escogería por más inocente, y no encontraba por cierto mucho que escoger, cuando me deparó felizmente la casualidad materia sobrada para un artículo, al anunciarme mi criado a un joven que me quería hablar indispensablemente.

Pasó adelante el joven haciéndome una cortesía bastante zurda, como de hombre que necesita y estudia en la fisonomía del que le ha de favorecer sus gustos e inclinaciones, o su humor del momento para conformarse prudentemente con él; y dando tormento a los tirantes y rudos músculos de su fisonomía para adoptar una especie de careta que desplegase a mi vista sentimientos mezclados de afecto y de deferencia, me dijo con voz forzadamente sumisa y cariñosa:

—¿Es usted el redactor llamado Fígaro?

—¿Qué tiene usted que mandarme?

—Vengo a pedirle un favor... ¡Cómo me gustan sus artículos de usted!

—Es claro... Si usted me necesita...

—Un favor de que depende mi vida acaso... ¡Soy un apasionado, un amigo de usted!

—Por supuesto... siendo el favor de tanto interés para usted...

—Yo soy un joven...

—Lo presumo.

—Que quiero ser cómico, y dedicarme al teatro...

—¿Al teatro?

—Sí, señor... como el teatro está cerrado ahora...

—Es la mejor ocasión.

—Como estamos en Cuaresma, y es la época de ajustar para la próxima temporada cómica, desearía que usted me recomendase...

—¡Bravo, empeño! ¿A quién?

—Al ayuntamiento.

—¡Hola! ¿Ajusta el ayuntamiento?

—Es decir, a la empresa.

—¡Ah! ¿Ajusta la empresa?

—Le diré a usted... según algunos, esto no se sabe... pero... para cuando se sepa.

—En ese caso, no tiene usted prisa, porque nadie la tiene...

—Sin embargo, como yo quiero ser cómico...

—Cierto. ¿Y qué sabe usted? ¿Qué ha estudiado usted?

—¿Cómo? ¿Se necesita saber algo?

—No; para ser actor, ciertamente, no necesita usted saber cosa mayor...

—Por eso; yo no quisiera singularizarme; siempre es malo entrar con pie en una corporación.

—Ya le entiendo a usted; usted quisiera ser cómico aquí, y así será preciso examinarle por la pauta del país. ¿Sabe usted el castellano?

—Lo que usted ve... para hablar, las gentes me entienden...

—Pero la gramática, y la propiedad, y...

—No, señor, no.

—Bien; ¡eso es muy bueno! Pero sabrá usted, desgraciadamente, el latín, y habrá estudiado humanidades, bellas letras...

—Perdone usted.

—Sabrá de memoria los poetas clásicos, y los comprenderá, y podrá verter sus ideas en las tablas.

—Perdone usted, señor. Nada, nada. ¡Tan poco favor me hace usted! Que me caiga muerto aquí sí he leído una sola línea de eso, ni he oído hablar tampoco... mire usted...

—No jure usted. ¿Sabe usted pronunciar con afectación todas las letras de una palabra y decir unas voces por otras: actitud por aptitud, y aptitud por actitud, diferiencia por diferencia, háyamos por hayamos, dracmático por dramático, y otras semejantes?

—Sí, señor, sí, todo eso digo yo.

—Perfectamente; me parece que sirve usted para el caso. ¿Aprendió usted historia?

—No, señor; no sé lo que es.

—Por consiguiente, no sabrá usted lo que son trajes, ni épocas, ni caracteres históricos...

—Nada, nada, no, señor.

—Perfectamente.

—Le diré a usted... en cuanto a trajes, ya sé que en siendo muy antiguo, siempre a la romana.

—Esto es: aunque sea griego el asunto.

—Sí, señor; si no es tan antiguo, a la antigua francesa o a la antigua española; según... ropilla, trusas, capacete, acuchillados, etc. Si es más moderno o del día, levita a lo Utrilla en los calaveras, y polvos, casacón y media en los padres.

—¡Ah! ¡Ah! Muy bien.

—Además, eso, en el ensayo general, se le pregunta al galán o a la dama, según el sexo de cada uno que lo pregunta, y conforme a lo que ellos tienen en sus arcas, así...

—¡Bravo!

—Porque ellos suelen saberlo.

—¿Y cómo presentará usted un carácter histórico?

—Mire usted; el papel lo dirá, y luego, como el muerto no se ha de tomar el trabajo de resucitar solo para desmentirle a uno... Además, que gran parte del público suele estar tan enterado como nosotros...

—¡Ah! ya... usted sirve para el ejercicio. La figura es la que no...

—No es gran cosa; pero eso no es esencial.

—Y de educación, de modales y usos de sociedad, ¿a qué altura se halla usted?

—Mal; porque si va a decir verdad, yo soy pobrecillo: yo era escribiente en una mala administración; me echaron por holgazán, y me quiero meter a cómico; porque se me figura a mí que es oficio en que no hay nada que hacer...

—Y tiene usted razón.

—Todo lo hace el apunte, y... por consiguiente no conozco esos señores usos de sociedad que usted dice, ni nunca traté ninguno de ellos.

—Ni conocerá usted el mundo, ni el corazón humano.

—Escasamente.

—¿Y cómo representará usted tantos caracteres distintos?

—Le diré a usted: si hago de rey, de príncipe o de magnate, ahuecaré la voz, miraré por encima del hombro a mis compañeros, mandaré con mucho imperio...

—Sin embargo, en el mundo esos personajes suelen ser muy afables y corteses, y como están acostumbrados, desde que nacen, a ser obedecidos a la menor indicación, mandan poco y sin dar gritos...

—Sí, pero ¡ya ve usted! en el teatro es otra cosa.

—Ya me hago cargo.

—Por ejemplo, si hago un papel de juez, aunque esté delante de señoras o en casa ajena, no me quitaré el sombrero, porque en el teatro la justicia está dispensada de tener crianza; daré fuertes golpes en el tablado con mi bastón de borlas, y pondré cara de caballo, como si los jueces no tuviesen entrañas...

—No se puede hacer más.

—Si hago de delincuente me haré el perseguido, porque en el teatro todos los reos son inocentes...

—Muy bien.

—Si hago un papel de pícaro, que ahora están en boga, cejas arqueadas, cara pálida, voz ronca, ojos atravesados, aire misterioso, apartes melodramáticos... Si hago un calavera, muchos brincos y zapatetas, carreritas de pies y lengua, vueltas rápidas y habla ligera... Si hago un barba, andaré a compás, como un juego de escarpias, me temblarán siempre las manos como perlático descoyuntado; y aunque el papel no apunte más de cincuenta años, haré del tarato y decrépito, y apoyaré mucho la voz con intención marcada en la moraleja, como quien dice a los espectadores: «allá va esto para ustedes».

—¿Tiene usted grandes calvas para los barbas?

—¡Oh! disformes; tengo una que me coge desde las narices hasta el colodrillo; bien que ésta la reservo para las grandes solemnidades. Pero aun para diario tengo otras, tales que no se me ve la cara con ellas.

—¿Y los graciosos?

—Esto es lo más fácil: estiraré mucho la pata, daré grandes voces, haré con la cara y el cuerpo todos los raros visajes y estupendas contorsiones que alcance, y saldré vestido de arlequín...

—Usted hará furor.

—¡Vaya si haré! Se morirá el público de risa, y se hundirá la casa a aplausos. Y especialmente, en toda clase de papeles, diré directamente al público todos los apartes, monólogos, gracias y parlamentos de intención o lucimiento que en mi parte se presenten.

—¿Y memoria?

—No es cosa la que tengo; y aun esa no la aprovecho, porque no me gusta el estudio. Además, que eso es cuenta del apuntador. Si se descuida, se le lanza de vez en cuando un par de miradas terribles, como diciendo al público: ¡Ven ustedes qué hombre!

—Esto es; de modo que el apuntador vaya tirando del papel como de una carreta, y sacándole a usted la relación del cuerpo como una cinta. De esa manera, y hablando él altito, tiene el público el placer de oír a un mismo tiempo dos ejemplares de un mismo papel.

—Sí, señor; y, en fin, cuando uno no sabe su relación, se dice cualquier tontería, y el público se la ríe. ¡Es tan guapo el público! ¡si usted viera!

—Ya sé ¡ya!

—Vez hay que en una comedia en verso se añade un párrafo en prosa: pues ni se enfada, ni menos lo nota. Así es que no hay nada más común que añadir...

—¡Ya se ve, que hacen muy bien! Pues, señor, usted es cómico, y bueno. ¿Usted ha representado anteriormente?

—¡Vaya! En comedias caseras. He alborotado con el García y el Delincuente honrado.

—No más, no más; le digo a usted que usted será cómico. Dígame usted, ¿sabrá usted hablar mal de los poetas y despreciarlos, aunque no los entienda; alabar las comedias por el lenguaje, aunque no sepa lo que es, o por el verso más que no entienda siquiera lo que es prosa?

—¿Pues no tengo de saber, señor? eso lo hace cualquiera,

—¿Sabrá usted quejarse amargamente, y entablar una querella criminal contra el primero que se atreva a decir en letras de molde que usted no lo hace todas las noches sobresalientemente? ¿Sabrá usted decir de los periodistas que quién son ellos para...?

—Vaya si sabré; precisamente ese es el tema nuestro de todos los días. Mande usted otra cosa.

Al llegar aquí no pude ya contener mi gozo por más tiempo, y arrojándome en los brazos de mi recomendado: «Venga usted acá, mancebo generoso —exclamé todo alborozado—; venga usted acá, flor y nata de la andante comiquería: usted ha nacido en este siglo de hierro de nuestra gloria dramática para renovar aquel siglo de oro, en que solo comían los hombres bellotas y pacían a su libertad por los bosques, sin la distinción del tuyo y del mío.

Usted será cómico, en fin, o se han de olvidar las reglas que hoy rigen en el ejercicio».

Diciendo estas y otras razones, despedí a mi candidato, prometiéndole las más eficaces recomendaciones. (III-263, 264, 265 y 266)

Amplio horizonte que abarca el teatro

No necesitamos remontarnos al origen del teatro para combatir la vana preocupación de los preceptistas que han querido reducir a la tragedia, propiamente llamada así, y a la comedia de costumbres o de carácter, el arte dramático. La razón natural puede guiarnos mejor. Con respecto a la comedia, sea en buen hora el espejo de la vida, la fiel representación de los extravíos, de los vicios ridículos del hombre. Pero con respecto a todo lo que no es comedia, examinemos un momento cuál puede ser el objeto del teatro.

En todos los pueblos conocidos debe éste su origen al orgullo nacional, que podríamos llamar el amor propio de los pueblos. La vida de sus antiguos héroes y el recuerdo de sus hazañas, fue en Grecia el primer objeto del teatro. En un pueblo constituido como el griego, que se suponía hijo de dioses y semidioses, los primeros dramas debieron participar de esta grandeza y sublimidad a que debían su origen. No eran los hombres, ni sus pasiones, ni los sucesos hijos de ellas los representados: eran acciones sobrenaturales las que formaban el argumento, y el cielo y la fatalidad eran su máquina principal. ¿Qué mucho, pues, que los preceptistas, que de aquellos modelos deducían las reglas, fijasen para este género, no pudiendo concebir otro, la precisa condición de que no hablasen en la tragedia sino héroes y príncipes casi divinos, y de que hablasen en aquel lenguaje que solo a ellos podía convenir? Entiéndese esto fácilmente. Pero cuando destruidas las antiguas creencias no se pudo ver en los reyes sino hombres entronizados y no dioses caídos, no se comprende cómo pudo subsistir la tragedia heroica aristotélica. Para los pueblos modernos no concebimos esa tragedia, verdadera adulación literaria del poder. Por otra parte, ¿son por ventura los reyes y los príncipes los únicos capaces de pasiones? No solo es este un error, sino que, limitando a tan corto círculo el dominio de la representación teatral, frústrase su objeto principal. Los hombres no se afectan generalmente sino por simpatías: mal puede, pues, aprovechar el ejemplo y el escarmiento de la representación el espectador que no puede suponerse nunca en las mismas circunstancias que el héroe de una tragedia. Estas verdades generalmente sentidas, si no confesadas, debieron dar lugar a un género nuevo para los preceptistas rutineros: pero que es, en realidad, el único género que está en la naturaleza. La historia debió ser la mina beneficiable para los poetas, y debió nacer forzosamente el drama histórico.

Nuestros poetas, que no sufrieron más inspiraciones que las de su ingenio independiente, no hicieron más que dos clases de dramas: o comedias de costumbres y carácter, como El embustero, de Alarcón, y El desdén con el desdén, de Moreto, o dramas históricos, como El rico hombre y el García del Castañar. A este género, fiel representación de la vida en que se hallan mezclados como en el mundo reyes y vasallos, grandes y pequeños, intereses públicos y privados, pertenece La Conjuración de Venecia. Todo lo más a que está obligado el poeta es a hacer hablar a cada uno, según su esfera, el lenguaje que le es propio y resultará indudablemente doble efecto de esta natural variedad: tanto más cuanto que el lenguaje del corazón es el mismo en las clases todas, y que las pasiones igualan a los hombres que su posición aparta y diversifica. (III-338)

Falta de comedias

Era tiempo de peste en Cádiz, y daba su parte a la autoridad un sargento que estaba de facción en Puerta de Tierra, diciendo en los términos siguientes: «Sin novedad: hoy han salido por esta puerta veinte muertos con sus respectivos cadáveres. Sargento, Fulano». Eso mismo decimos hoy nosotros al público al darle parte de las dos funciones nuevas que acabamos de ver desaprobadas con tanta razón por el auditorio. «Sin novedad: se han representado en este teatro dos comedias con sus respectivas silbas»: que silbas y comedias son cosas ya tan inseparables como cadáver y muerto...

Casose un labrador, y proponíase tener muchos hijos, tantos, que le pareció venir allí de molde un libro de memorias, donde pudiera ir apuntando sus nombres y no confundirse él ni confundirlos jamás. Encuadernó, pues, su libro en blanco, e iba apuntando así: «Hijos del labrador Antón Antúnez: el primer hijo no fue hijo, sino hija».

Lo mismo decimos nosotros: comedia del 24: la primer comedia, no fue comedia, sino farsa. (III-293)

Imposibilidad de la crítica teatral sincera

¡Señor Fígaro! —me piden—: ¡Un artículo de teatros!... ¿De teatros? Voy allá... Yo escribo para el público y el público, digo para mí, merece la verdad; el teatro, pues, no es teatro; la comedia es ridícula, el actor A es malo y la actriz H es peor. ¡Santo cielo! Nunca hubiera pensado en abrir mi boca para hablar de teatros. Comunicado a renglón seguido en mi papel y en todos los contemporáneos, en que el autor de la comedia dice que es excelente y el articulista un acéfalo; se conjuran los actores, cierran las puertas del teatro a mis comedias, para lo sucesivo, y ponen el grito en los cielos. ¿Quién es el fatuo que nos critica? ¡Pícaro traductor, ladrón y pedante. (III-267)

Atrasos del teatro

Pocos países de los que se hallan a la altura del nuestro en la escala de la civilización pueden citarse donde se encuentre el teatro más atrasado que en España. Falto siempre de protección, considerado la mayor parte del tiempo como un mal inevitable por el mismo gobierno que lo toleraba, no es mucho que no se hayan dado en ese ramo pasos agigantados. No creemos nosotros, como repetidas veces se ha pretendido hacer creer, que el teatro corrija las costumbres ni destierre vicios; llevamos más adelante nuestra opinión; nos inclinamos a pensar que del teatro sale el hombre poco más o menos tal como entra. El hombre es animal de poco escarmiento; y si lo fuera, seguramente que el colorido de sublimidad y pasión que en el teatro suelen revestir los vicios y los crímenes no sería el mejor medio de hacerle escarmentar. Los celos que en el Otelo del mundo no son sino reprensibles, están, por lo menos, disculpados en el del teatro con el exceso de la pasión. El teatro, pues, rara vez corrige, así como rara vez pervierte. Ni es tan bueno como sus amigos le han pintado, ni tan perjudicial como sus enemigos le han supuesto. Por lo menos es desde luego una diversión pública, y en esta sola calidad encierra ya una no mediana recomendación; es, además, de todas las diversiones públicas, la más culta, y si no corrige las costumbres, puede, al menos, suavizarlas; puede ser una escuela de buenos modales, y debe serlo constantemente de buen lenguaje y de estilo.

A estas circunstancias, que recomiendan positivamente el teatro, ha podido agregarse en muchas épocas la idea, generalmente admitida, de que todo espectáculo público es favorable al legislador y gobernante, porque, distrayendo al pueblo de los intereses políticos, le aparta de la rebelión... El despotismo, por lo tanto, ha solido ser favorable al teatro; y, dueño de la hacienda pública, ha destinado en todas partes fondos supletorios a la prosperidad de una diversión, de que tanto se prometía. Pero en España, ni aun eso ha sabido hacer; en España, donde sin duda consideraba la función de los toros como más popular, no le ha sido deudor el teatro de protección alguna; por el contrario, en él persiguió las luces, en él trató de ahogar una manera de expresión de la opinión pública; y si lo consintió, podemos atribuirlo a que toda la represión del gobierno más despótico no basta a contrarrestar la fuerza de la opinión; el espíritu de cada época se hace respetar hasta de sus enemigos; pero ya que no podía derribarlo, hízole todo el daño que podía hacerle; lo consintió, sí, pero como una mera indemnización; lo consintió cargándole con la obligación de resarcir con sus productos los males que le achacaba. Maquiavélica idea, por cierto, pues si el teatro era perjudicial en sentir del legislador, no podía haber resultado bueno que lo abonase. El teatro es malo, decía el gobierno; pero haga daño en buena hora, siempre que me sufrague de las obligaciones que, como administrador de la sociedad, tengo contraídas con los establecimientos de beneficencia; es decir: consiento al ladrón con tal que me rinda por tributo parte de sus robos. Esta ha sido la lógica, y, lo que es peor, la moral del gobierno nuestro con respecto al teatro. Y su torpeza es tal, que una vez admitido tan escandaloso principio, no supo siquiera volverlo completamente en provecho suyo, facilitando su prosperidad. Falto de ingenio por la persecución, agobiado por las cargas civiles, el teatro había vivido entre nosotros, manteniendo obligaciones del Estado, y es lo peor, que habiendo entrado en una era de progreso y de luces, no se trasluce aún la aurora del día en que deba mejorarse su suerte. (III-485 y 486)

La vida teatral

Antaño en el teatro se escuchaban pocas silbas, y el ilustrado público, menos descontentadizo, era a la par más indulgente. Lo que entonces podía ser una primera representación, lo ignoramos completamente; y como no nos proponemos pintar las costumbres de nuestros padres, sino las nuestras, no nos aflige en verdad demasiado esta ignorancia...

En el día, una primera representación es una cosa importantísima para el autor de... ¿de qué diremos? Es tal la confusión de los títulos y de las obras que no sabemos cómo generalizar la proposición. En primer lugar hay lo que se llama comedia antigua, bajo cuyo rótulo general se comprenden todas las obras dramáticas anteriores a Comella: de capa y espada, de intriga, de gracioso, de figurón, etc., etc.; hay en segundo, el drama, dicho melodrama, que fecha de nuestro interregno literario, traducción de la Porte Saint-Martín, como El valle del torrente, El mudo de Arenas, etc., etc.; hay el drama sentimental y terrorífico, hermano mayor del anterior, igualmente traducción, como La huérfana de Bruselas; hay después la comedia dicha clásica de Molière y Moratín, cor su versito asonantado o su prosa casera; hay la tragedia clásica, ora traducción, ora original, con sus versos pomposos y su correspondiente hojarasca de metáforas y pensamientos sublimes de sangre real; hay la piececita de costumbres, sin costumbres, traducción de Scribe: insulsa a veces, graciosita a ratos, ingeniosa por aquí y por allí; hay el drama histórico, crónica puesta en verso, o prosa poética, con sus trajes de la época y sus decoraciones ad hoc, y al uso de todos los tiempos; hay, por fin, si no me dejo nada olvidado, el drama romántico, nuevo, original, cosa nunca hecha ni oída, cometa que aparece por primera vez en el sistema literario con su cola y sus colas de sangre y de mortandad; el único verdadero descubrimiento escondido a todos los siglos y reservado solo a los Colones del siglo XIX. En una palabra: la naturaleza en las tablas, la luz, la verdad, la libertad en literatura, el derecho del hombre reconocido, la ley sin ley.

He aquí que el autor ha dado la última mano a lo que sea: ya lo ha cercenado la censura decentemente; ya la empresa se ha convencido de que se puede representar, y de que acaso es cosa buena.

Entonces los periodistas, amigos del autor, saben por casualidad la próxima representación, y en todos los periódicos se lee, entre las noticias de facciosos derrotados completamente, la cláusula que sigue:

«Se nos ha asegurado o sabemos (el sabemos no se aventura todos los días), que se va a poner en escena un drama nuevo en el teatro de... (por lo regular del Príncipe). Se nos ha dicho que es de un autor conocido ya ventajosamente por obras literarias de un mérito incontestable. Deben desempeñar los principales papeles nuestra célebre señora Rodríguez y el señor Latorre. La empresa no ha perdonado medio alguno para ponerlo en escena con toda aquella brillantez que requiere su argumento, y tenemos fundados motivos (la amistad nadie ha dicho que no sea un motivo, ni menos que no sea fundado) para asegurar que el éxito corresponderá a las esperanzas, y que, por fin, el teatro español, etc., etc.» Y así sucesivamente.

Luego que el público ha leído esto, es preciso ir al Café del Príncipe; allí se da razón de quién es el autor, de cómo se ha hecho la comedia, de por qué la ha hecho, de que tiene varias alusiones sumamente picantes, lo cual se dice al oído: el Café del Príncipe, en fin, es el memorialista, el valenciano del teatro. (III-410 y 411)

Novela y teatro

La novela, hija toda de la imaginación, se vio mejor representada entre nosotros, y en una época en que no era sospechado siquiera el género en el resto de Europa, pues que hasta los mismos libros de caballerías tuvieron su origen en la Península española. En ella podemos citar escritores excelentes, sí contados. El ingenioso hidalgo, último esfuerzo del ingenio humano, bastaría a adjudicarnos la palma, aunque no tuviéramos otras que presentar en lugar privilegiado, si no tan eminente. Pero esta época fue de corta duración, y después de Quevedo la prosa volvió al olvido de que momentáneamente la habían sacado unos pocos, solo, al parecer, para dar una muestra al mundo literario de lo que era permitido hacer en ese género a la lengua y al ingenio español.

Poco después la literatura se refugió al teatro, y no fue, por cierto, para predicar ideas de progreso; no supo siquiera sostenerse; no hizo más que decaer. (III-474 y 475)

El baile nacional y la Cuaresma

La ilustración de nuestro gobierno parece haber dejado en pie las tragedias en Cuaresma por este año y algunas otras representaciones; solo han
quedado excluidos del ensanche dado al arte los bailes nacionales. Efectivamente, la autoridad ha conocido que se puede muy bien ver comedias y
salvarse; lo que parece estar todavía en duda es que se pueda uno salvar
viendo bailes nacionales. Yo estoy, con el gobierno, por la negativa. Los bailes suizos, como los de la ópera El Guillermo, que se siguen representando,
tienen otro ver; los nacionales son los especialmente desagradables a los
ojos de Dios, con la circunstancia de que Su Divina Majestad parece llevar-
los más en paciencia el resto del año que en ciertos cuarenta días, llamados
Cuaresma. Esto parece querer decir que hay circunstancias para todo, y que
lo que es bueno en tal mes es malo en tal otro aun a los ojos del cielo.

Lo mismo se dice de las ostras, las cuales son buenas en los meses de
erre.

Un historiador podría inferir de aquí que las danzas que bailaban los israelitas alrededor del arca del Testamento no eran bailes nacionales, sino bailes
del Guillermo, bailes suizos. Es probable que fuese así. (XV-887)

Las comedias y los cómicos

Además de la diferencia de costumbres, que suele ser causa de que las
comedias modernas francesas no tengan el menor éxito en Madrid, además
de las malas traducciones, que no pocas veces tienen la culpa de ese mismo
resultado, hay otra razón de tanto o más peso. Hasta que una comedia es
entregada al teatro, el poeta es todo. Una vez en manos de la dirección, el
poeta no es nadie; los actores son todo. La comedia mejor, mal represcritada,
no puede resistir un solo día, y en nuestro país el teatro está, en fin, abandonado; para dar idea del cual es forzoso haber salido de España. No es este ni
aquel actor quien tiene la culpa, sino el arte en general. (XV-890)

De las traducciones en el teatro

Varias cosa se necesitan para traducir del francés al castellano una comedia. Primera, saber lo que son comedias; segunda, conocer el teatro y el

público francés; tercera, conocer el teatro y el público español; cuarta, saber leer el francés; y quinta, saber escribir el castellano. Todo eso se necesita, y algo más, para traducir una comedia, se entiende, bien, porque para traducirla mal, no se necesita más que atrevimiento y diccionario: por lo regular, el que tiene que servirse del segundo, no anda escaso del primero.

Sabiendo todas estas cosas, no se ignora que el gusto en el teatro es variable; que en tanto hay efectos teatrales, en cuanto se establece entre el autor y el espectador una comunidad de afectos y de sensaciones; que de diversidad de costumbres nace la diferente expresión de las ideas; que lo que en un país y en una lengua es una chanza llena de sal ática, puede llegar a ser en otros una necedad vacía de sentido; que un carácter nuevo en Francia puede ser viejo en España; no se ignora, en fin, que el traducir en materias de teatro casi nunca es interpretar: es buscar el equivalente, no de las palabras, sino de las situaciones. Traducir bien una comedia es adoptar una idea y un plan ajenos, que estén en relación con las costumbres del país a que se traduce, y expresarlos y dialogarlos como si se escribiera originalmente: de donde se infiere que, por lo regular, no puede traducir bien comedias quien no es capaz de escribirlas originales. Lo demás es ser un truchimán, sentarse en el agujero del apuntador y decirle al público español: Dice M. Scribe, etc., etc.

Esto, con respecto a la comedia; por lo que hace al drama histórico, a la tragedia o a cualquiera otra composición dramática, cuya base sea un hecho heroico, o una pasión, o un carácter célebre conocido; éstos ya son cuadros igualmente presentables en todos los países. La historia es del dominio de todas las lenguas; en este caso basta tener un alma bien templada y gusto literario ejercitado para comprender las bellezas del original; no se necesita ser Víctor Hugo para comprender a Víctor Hugo, pero es preciso ser poeta para traducir bien a un poeta.

La tarea, pues, del traductor no es tan fácil como a todos les parece, y por eso es tan difícil hallar buenos traductores; porque cuando un hombre se halla con los elementos para serlo bueno, es raro que quiera invertir tanto trabajo solo en hacer resaltar la gloria de otro. Entonces es preciso que sea muy perezoso para no inventar, o que su país tenga establecida muy poca diferencia entre el premio de una obra original y el de una traducción, que es precisamente lo que entre nosotros sucede.

Nuestro teatro moderno no carece de buenos traductores. Entre todos se distingue Moratín: nótese cómo en El médico a palos españoliza una comedia, producción no solo de otro país, pero hasta de una época muy anterior: hace con ella el mismo trabajo que Molière había hecho con Terencio y Plauto, y que Plauto y Terencio habían hecho con Menandro. No era Marchena tan superior en este trabajo, porque no era Marchena poeta cómico, pero merece un lugar distinguido entre los traductores. Gorostiza fue menos delicado, si tan buen traductor, porque alcanzó un tiempo en que era más fácil revestirse de galas ajenas; y así, sin que queramos decir que siempre fue plagiario, muchas veces no vaciló en titular originales sus piraterías.

Posteriormente, la traducción fue entre nosotros una necesidad: careciendo de suficiente número de composiciones originales, hubo de abrirse la puerta al mercado extranjero, y multitud de truchimanes, con el Taboada en la mano y valor en el corazón, se lanzaron a la escena española. (III-497 y 498)

El «vaudeville»

El vaudeville, género de composición dramática puramente francés, fue una mina inagotable: género complejo, verdadero melodrama en miniatura, así participa de la ópera como de la comedia; hijo de las costumbres francesas; bástale su diálogo diestramente manejado y erizado de puntas epigramáticas; esto, y algunos casos monótonos que giran casi siempre sobre temas semejantes, bastan a adornar una idea estéril que pocas veces produce más de una o dos escenas medianamente cómicas. El pueblo francés, tan cantor como mal músico, se paga de eso, y tiene razón porque no le da más importancia que la que tiene, y porque rico el teatro de cómicos excelentes, el juego mímico y la perfección del arte prestan interés del otro lado de los Pirineos a la composición más desnuda de mérito y originalidad.

Pero aquí, donde el vaudeville empieza por perder la mitad de su ser, es decir, la parte música; aquí, donde no es la expresión de las costumbres; aquí, donde el público ha menester de composiciones más llenas, de más ingenio y enredo, su introducción debía de ser muy arriesgada, y solo se lo podía admitir en cuanto a comedia y a cuenta de comedias. Son solo admisibles, pues, en la escena española aquellos vaudevilles que giran sobre un argumento y un enredo cómico de algún bulto, y aquellos en que queda material para llenar una pieza en un acto aun después de suprimida la música, y eso sin darles gran importancia, sin tratar de llenar con ellos una función entera. La empresa que todavía tiene los teatros comprendió esto, y trató de sustituirles a nuestros sainetes, piezas verdaderamente cómicas nacionales y populares, pero cuya muerte era próxima desde que los ingenios se desdeñaban de componerlas, y que, por lo repetidas y sabidas que están ya del público, apenas podían ser ya de utilidad. Otra mira se llevó en esto; los sainetes tienen el inconveniente de halagar casi siempre las costumbres de nuestro pueblo bajo, por los términos en que están escritos, en vez de tender a corregirlas y suavizarlas poniéndolas en ridículo: todo lo que fuese proponerse ese fin sustituyendo a los palos, a las alcaldadas y a las sandeces de los payos, rasgos agudos y delicados de ingenio, era laudable.

Pero esto no podía conseguirse sin revestir los vaudevilles de la misma nacionalidad y popularidad de que aquellos gozaban; solo así se podía introducir un género nuevo, y eso fue lo que se descuidó. De aquí que todo el triunfo que han podido conseguir los vaudevilles ha sido pasajero y efímero, y son muy pocos los que han quedado en el caudal y no han pasado rápidamente después de unas cuantas noches de representación.

¿Y cuáles son los que han quedado? Aquellos que tenían más analogía con nuestras costumbres o aquellos en que una idea verdaderamente cómica y original se hallaba bien adoptada y desarrollada por un traductor hábil.

Ocasión es ésta de hacer justicia a quien la merece: uno de los que mejor han traducido vaudevilles, uno de los que hubieran podido españolizar el género nuevo, es don Manuel Bretón de los Herreros. Seguramente si todos los vaudevilles que se han adaptado hubiesen sido y se hubiesen traducido como La familia del boticario, como No más muchachos, y otro del mismo traductor, verdaderos modelos de esa clase de trabajo, solo elogios tendrían que salir de nuestra pluma. Son solo comparables con las traducciones del señor Bretón algunas de otro joven bien conocido: ya nuestros lectores habrán adivinado que hablamos del señor Vega; y decimos algunas, porque no las ha cuidado todas igualmente; pero siempre le harán honor El gastrónomo sin dinero, El cambio de diligencias, Quiero ser cómico y otras, en alguna de las cuales, sobre todo, está tan bien hecha la traducción, que puede llamarlas casi originales. (III-496 y 497)

Los «horrores» del teatro moderno

Oponerse a los crímenes, a los horrores que han sucedido en el teatro moderno a la fría combinación de las comedias del siglo XVIII, es oponerse a la diferencia de las épocas y de las circunstancias, con las cuales varía el gusto Al teatro vamos a divertirnos —dicen algunos candorosamente—. No; al teatro vamos a ver reproducidas las sensaciones que más nos afectan en la vida; y en la vida actual, ni el poeta, ni el actor, ni el espectador tienen ganas de reírse; los cuadros que llenan nuestra época nos afectan seriamente, y los acontecimientos en que somos parte tan interesada no pueden predisponernos para otra clase de teatro; de aquí que no se darán comedias de Molière y Moratín, intérpretes de épocas más tranquilas y sensaciones más dulces, y si fuera posible que se hicieran, no nos divertirían; y en eso nuestra época se parece al borracho, a quien de resultas del vino atormenta la sed, y que no puede apagarla sino con vino, porque el agua le parece insípida cuando el deseo engañador le conduce a gustarla.

Fuerza es confesar, sin embargo, que en España la transición es un poco fuerte y rápida. La Francia puede contar medio siglo de revolución, cuando nuestras revueltas no tienen siquiera la mitad de esa fecha, y aun nuestros sacudimientos pueden apenas compararse con los de la vecina nación. Ella, sin embargo, ha tardado medio siglo en hacer su revolución literaria y la ha hecho gradualmente; las licencias poéticas han tenido que ganar el terreno a palmos, empezando por los teatros de boulevard y por el melodrama de la Porte-Saint-Martin, hasta conquistar el teatro francés; y entre nosotros en un solo año hemos pasado en política de Fernando VII a las próximas constituyentes; y en literatura, de Moratín a Alejandro Dumas; y es de tener en consideración que el clasicismo aristotélico y horaciano había tenido tiempo de cansar al público francés desde el siglo de Luis XIV hasta Napoleón, y que nosotros no hemos apurado el género clásico, puesto que desde Comella hasta nosotros ni han transcurrido más que veintitantos años, ni en esos hemos disfrutado más que tres comedias y media de Moratín, otras tantas de Gorostiza, alguna de algún otro y varias traducciones, no todas buenas, de Racine, de Molière y de autores franceses de segundo orden; en una palabra: que estamos tomando el café después de la sopa.

He aquí una de las causas de la oposición que así en política como en literatura hallamos en nuestro pueblo a las innovaciones. Que en vez de andar y de caminar por grados, procedemos por brincos, dejando lagunas y repitiendo solo la última palabra del vecino. Queremos el fin sin el medio y esta es la razón de la poca solidez de las innovaciones. (III-503)

La moderna dramaturgia francesa

El drama moderno —ha dicho un autor— el de Dumas, Hugo, Ducange y aun de Casimiro Delavigne, es el corazón humano, etc., etc. Forzoso es confesar que es disonante la reunión de los nombres de Dumas, Hugo, Ducange y Casimiro Delavigne en una misma línea. El que esos renglones escribió manifiesta en el resto de su artículo demasiado talento y suficientes conocimientos para que se pueda creer que ignora la distancia que separa a aquellos escritores. No insistiremos, por lo tanto, en una acusación de esta especie; solo enunciaremos algunas ideas generales que nos parecen indispensables. Víctor Hugo, más osado, más colosal que Dumas, impone a sus dramas el sello del genio innovador y de una imaginación ardiente, a veces extraviada por la grandiosidad de su concepción.

Dumas tiene menos imaginación, en nuestro entender, pero más corazón; y cuando Víctor Hugo asombra, él conmueve: menos brillantez, por tanto, y estilo menos poético y florido; pero, en cambio, menos redundancia, menos episodios, menos extravagancia; las pasiones hondamente desentrañadas, magistralmente conocidas y hábilmente manejadas, forman siempre la armazón de sus dramas; más conocedor del corazón humano que poeta, tiene situaciones más dramáticas, porque son generalmente más justificadas, más motivadas, más naturales, menos ahogadas por el pampanoso lujo del estilo. En una palabra: hay más verdad y más pasión en Dumas, más drama; más novedad y más imaginación en Víctor Hugo, más poesía. Víctor Hugo explota casi siempre una situación verosímil o posible: Dumas, una pasión verdadera.

Casimiro Delavigne no puede ponerse en parangón con los dos anteriores, porque éstos, al fin, pueden presentarse como cabezas de un partido y sostén de la innovación; enlazados por efecto y principios con la revolución de las ideas y nuevo gusto del siglo, sus escritos tienden a un fin moral, por más que echen mano de recursos no siempre morales; pero a un fin moral, osado, nuevo, desorganizador de lo pasado, si se quiere, y fundador del porvenir; destructor de preocupaciones y trabas políticas, religiosas y sociales. Pero Casimiro Delavigne no es más que un sectario, un discípulo de las antiguas creencias literarias, y lo más que se le concederá es haber cedido algunas veces al torrente de la innovación: una prueba de esta verdad es su drama Los hijos de Eduardo, y aun más su última producción: Don Juan de Austria. Queriendo escribir en la primera una tragedia clásica ha echado mano de resortes dramáticos, acaso demasiado atrevidos para los aristotélicos puros; y en la segunda, no ha hecho sino una comedia heroica, en gran manera parecida a las de nuestro teatro antiguo como El rico hombre y el García del Castañar, mas sin haber podido igualarlas en mérito. Pero Casimiro Delavigne nunca podrá citarse como fundador. Molierista puro en La escuela de los viejos y en sus Cómicos, y volteriano en sus tragedias de El paria y Las vísperas sicilianas, es comedido en sus resortes dramáticos, parco y hasta parsimonioso; poco original, poco nuevo; templada su imaginación por la influencia de las reglas y su amor al orden, no es brillante ni arrebatado; en cambio, es puro, correcto y moral, como sus antecesores, cuanto el teatro permite serlo. Es un río manso y cristalino que, corriendo por un antiguo cauce, beneficia el terreno a fuerza de regarle; Víctor Hugo y Dumas pudieran compararse mejor con el torrente que suele destruir al paso que riega o con la inundación periódica del Nilo, que fecunda el Egipto, anegándole y trastornando su superficie; y algunas veces no son sino la catarata del Niágara, que solo sirve de mostrar en toda su pompa el poder de la naturaleza y de asombrar y atronar al curioso viajero.

En cuanto a Ducange, por mucho mérito que se le quiera suponer, concediéndole el de conocer el teatro y el corazón humano, colocarle al lado de Víctor Hugo es poner al lado de Calderón a don Ramón de la Cruz. Víctor Ducange es un dramaturgo de boulevard; pero no es un escritor de primer orden, ni por la esencia de sus obras ni por su estilo. Víctor Ducange es a

Víctor Hugo lo que un pintor de alcobas y de coches a Salvador Rosa y a Ribera. Su pluma no es pincel, es brocha. Su color es almazarrón. No es el poeta del siglo, es el abastecedor de las provisiones dramáticas del populacho. En una palabra: Víctor Hugo, Dumas, Casimiro Delavigne y Ducange solo se parecen en ser franceses. Cualquiera nos confesará que es la más pequeña semejanza que puede existir entre cuatro hombres, y que no son esos títulos suficientes a la comparación. (III-480 y 481)

El teatro caduca...

El teatro envejece diariamente y caduca, no en España solo, la existencia, parásita que arrastra hace años le hace infinitamente subalterno, sino en la Europa entera, a cuya civilización moderna ha debido una vida brillante por largos siglos. Verdad es que esta diversión se remonta en la antigüedad a los tiempos oscuros de la tradición; verdad es que su existencia, más o menos perfeccionada en diversos países y en distintos tiempos, parece probar que es inherente a la naturaleza humana. Vestigios de representaciones informes se han encontrado en regiones que no podían haber recibido influencia ninguna de la Europa; sabido es que en la China, en ese trozo aislado del mundo, cuya civilización ha seguido un rumbo enteramente diverso, las tradiciones religiosas y los hechos heroicos llenan tres y cuatro días, semanas enteras a veces, con una representación dramática de solemnidad sin igual, puesto que conserva allí constantemente el carácter de una fiesta nacional y dispensada al pueblo por el legislador. Esto, no obstante, insistimos en la idea de que el teatro caduca, y acaso no será necesario que pasen siglos para verle desaparecer completamente del mundo. Esa larga lucha de principios que se debate hace años en Europa, escogiendo hoy un palenque para la pelea, mañana otro, puede ser considerado por los políticos como una cuestión de forma de gobierno pasajera, y como efecto de esa rotación periódica a que los sucesos del mundo están sujetos. Pero a los ojos del filósofo observador es más honda la explicación de los fenómenos políticos; no son meras cuestiones de derecho natural y de gentes; son las convulsiones de la agonía de una civilización usada y expirante que debe desaparecer como las que la han precedido. Es la resistencia de los intereses y las costumbres de un gran período, defendiendo el terreno que poseyeron contra la grande innovación, contra la invasión de un progreso inmenso, de un trastorno radical. La Europa es representante y defensora de esa civilización vieja y destinada a perecer con ella y a ceder la primacía en un plazo acaso no muy remoto a un mundo nuevo, sacado de las aguas por una mano atrevida hace tres siglos, y cuya misión es reemplazar un gran principio con otro gran principio; a un nuevo mundo, que aparece agitado también por convulsiones, pero en el cual no están los síntomas del anonadamiento, sino los peligros y la inquietud de la infancia; la Europa se presenta en la lucha como un guerrero cansado guardando la defensiva contra el principio invasor, vestida de harapos de distintas épocas, guarnecida de armas melladas, coronada con las antiguas y medio derruidas almenas feudales, protegiendo despojos y tesoros adquiridos, ante un adversario desnudo, pero ambicioso, sin tradición, sin pasado, pero con porvenir, que no cuenta glorias, sino que tiene que adquirirlas; y en esta lucha, la ley de la naturaleza tiene dispuesto que el viejo ceda antes. (III-482)

Personajes de teatro

¿Qué es don Juan Tenorio sino un disipado, seductor de mujeres, como mil se han presentado en el teatro antes y después de El convidado de piedra? Sin embargo ¿por qué han quedado todos enterrados en la oscuridad con sus autores, y solo El convidado de piedra se ha hecho europeo y universal?

¿Qué es un celoso sino un ser común de que hay una muestra en cada intriga amorosa, y que cien poetas han pintado? ¿Por qué Otelo solo, por qué solo el celoso de Shakeaspeare ha traspasado su época y su teatro? ¿Que es el Fausto, de Goethe, sino una idea al alcance de todo el mundo, desenvuelta por un ingenio superior? ¿Qué es un loco y una manía para asombrar el mundo? Llenos están de ellos los hospitales y las novelas. ¿Por qué Cervantes hace llegar el suyo a la posteridad?

¿Qué dice Moliére cuando el Bourgeois gentilhome (el Burgués aristócrata) cae en la cuenta de que toda su vida ha hablado prosa sin saberlo, más que una simpleza, que parece estar al alcance de todo el que la oye y que nadie, sin embargo, ha dicho sino él?

¿Quién ignora que los goces acaban la vida y que cada deseo realizado se lleva una porción de nuestra existencia? ¿Ha sido, sin embargo, lo sabido de la idea un obstáculo para que Balzac se haya coronado de gloria con La Peau de chagrín? El huevo de Colón es la parábola más significativa de lo que hace el talento. Las verdades todas son triviales y sabidas: es fuerza saberlas decir y presentar.

No hemos querido establecer comparaciones: no son los coetáneos de una obra ni los críticos de periódicos los que pueden fijar imparcialmente el puesto que ha de ocupar en la biblioteca de la humanidad; la posteridad solo decide, y la sucesión de los tiempos, si la obra de un ingenio está escrita en la lengua universal y si ha de abarcar el mundo. Solo hemos querido probar que la trivialidad del asunto no es obstáculo, sino que al paso que es aumento de dificultad, es el primer síntoma de verdadero talento. (XV-15)

Defensa de los caracteres del romanticismo

Clásicos y románticos han convenido igualmente en que el ser más odioso que puede presentarse en la escena ha menester de alguna virtud para interesar, alguna afección tierna que sirva de contraste a sus errores. El Nerón de Racine aparece dominado del amor; la Lucrecia Borja de Víctor Hugo halla disculpa ante el espectador por el amor a su hijo, la despreciable Marión de Lorme se purifica en las tablas por medio de una pasión verdadera; el bufón Triboulet desaparece delante del padre tierno. No hay corazón en la naturaleza, por pervertido que sea, que no abrigue algún sentimiento humano. (III-479)

La sociedad española ante las nuevas ideas

Antony, como la mayor parte de las obras de la literatura moderna francesa, es el grito que lanza la humanidad, que nos lleva delantera, grito de desesperación al encontrar el caos y la nada al fin del viaje. La escuela francesa tiene un plan. Ella dice: «Destruyamos todo y veamos lo que vale; ya sabemos lo pasado, hasta el presente es pasado ya para nosotros: lancémonos en el porvenir a ojos cerrados; si todo es viejo aquí, abajo todo y reorganicémoslo».

Pero ¿y nosotros hemos tenido pasado? ¿Tenemos presente? ¿Qué nos importa el porvenir? ¿Qué nos importa mañana, si tratamos de existir hoy? Libertad en política, sí, libertad en literatura, libertad por todas partes; si el destino de la humanidad es llegar a la nada por entre ríos de sangre, si está escrito que ha de caminar con la antorcha en la mano quemándolo todo para verlo todo, no seamos nosotros los únicos privados del triste privilegio de la humanidad; libertad para recorrer ese camino que no conduce a ninguna parte; pero consista esa libertad en tener los pies destrabados y en poder andar cuanto nuestras fuerzas nos permitan. Porque asirnos de los cabellos y arrojarnos violentamente en el término del viaje, es quitarnos también la libertad, y así es esclavo el que pasear no puede como aquel a quien fuerzan a caminar cien leguas en un día. (III-518)

Las tres Españas y el influjo pernicioso del romanticismo

Mil veces lo hemos dicho: hace mucho tiempo que la España no es una nación compacta, impulsada de un mismo movimiento; hay en ella tres pueblos distintos: 1.º una multitud indiferente a todo, embrutecida y muerta por mucho tiempo para la patria, porque no teniendo necesidades, carece de estímulos; porque, acostumbrada a sucumbir siglos enteros a influencias superiores, no se mueve por sí, sino que en todo caso se deja mover. Ésta es cero cuando no es perjudicial, porque las únicas influencias capaces de animarla no están siempre en nuestro sentido. 2.º una clase media que se ilustra lentamente, que empieza a tener necesidades, que desde este momento comienza a conocer que ha estado y que está mal, y que quiere reformas, porque cambiando solo puede ganar. Clase que ve la luz, que gusta ya de ella, pero que, como un niño, no calcula la distancia a que la ve; cree más cerca los objetos porque los desea; alarga la mano para cogerla; pero ni sabe los medios de hacerse dueña de la luz, ni en qué consiste el fenómeno de la luz, ni que la luz quema cogida a puñados. 3.º y una clase, en fin, privilegiada, poco numerosa, criada o deslumbrada en el extranjero, víctima o hija de las emigraciones, que se cree ella sola en España, y que se asombra a cada paso de verse sola cien varas delante de las demás; hermoso caballo normando, que cree tirar de un tílburi y que, encontrándose con un carromato pesado que arrastrar, se alza, rompe los tiros y parte solo.

Ahora bien; pretender gustar escribiendo a un público de tal manera compuesto, es empresa en que quisiéramos ver enredados por algunos años a esos fanales del saber extranjero, así como quisiéramos ver a los más célebres estadistas ensayar sus fuerzas en este escollo de reputaciones de todos géneros. Darnos una literatura hermana del antiguo régimen y fuera ya del círculo de la revolución social en que empezamos a interesarnos es tiempo perdido, pues solo podría satisfacer ya a la última clase y esa no es la que se alimenta de literatura. Darnos la literatura de una sociedad caduca que ha corrido los escalones todos de la civilización humana, que en cada estación ha ido dejando una creencia, una ilusión, un engaño feliz de una sociedad que, perdida la fe antigua, necesita crearse una fe nueva; y darnos la literatura expresión de esa situación a nosotros, que no somos aún una sociedad siquiera, sino un campo de batalla donde se chocan los elementos opuestos que han de constituir una sociedad, es escribir para cien jóvenes ingleses y franceses, que han llegado a figurarse que son españoles porque han nacido en España; no es escribir para el público. (XV-518)

Libros a la carta

A la carta es un servicio especializado para
empresas,
librerías,
bibliotecas,
editoriales
y centros de enseñanza;
y permite confeccionar libros que, por su formato y concepción, sirven a los propósitos más específicos de estas instituciones.

Las empresas nos encargan ediciones personalizadas para marketing editorial o para regalos institucionales. Y los interesados solicitan, a título personal, ediciones antiguas, o no disponibles en el mercado; y las acompañan con notas y comentarios críticos.

Las ediciones tienen como apoyo un libro de estilo con todo tipo de referencias sobre los criterios de tratamiento tipográfico aplicados a nuestros libros que puede ser consultado en Linkgua-ediciones.com.

Linkgua edita por encargo diferentes versiones de una misma obra con distintos tratamientos ortotipográficos (actualizaciones de carácter divulgativo de un clásico, o versiones estrictamente fieles a la edición original de referencia).

Este servicio de ediciones a la carta le permitirá, si usted se dedica a la enseñanza, tener una forma de hacer pública su interpretación de un texto y, sobre una versión digitalizada «base», usted podrá introducir interpretaciones del texto fuente. Es un tópico que los profesores denuncien en clase los desmanes de una edición, o vayan comentando errores de interpretación de un texto y esta es una solución útil a esa necesidad del mundo académico.

Asimismo publicamos de manera sistemática, en un mismo catálogo, tesis doctorales y actas de congresos académicos, que son distribuidas a través de nuestra Web.

El servicio de «Libros a la carta» funciona de dos formas.

1. Tenemos un fondo de libros digitalizados que usted puede personalizar en tiradas de al menos cinco ejemplares. Estas personalizaciones pueden ser de todo tipo: añadir notas de clase para uso de un grupo de estudiantes,

introducir logos corporativos para uso con fines de marketing empresarial, etc. etc.

2. Buscamos libros descatalogados de otras editoriales y los reeditamos en tiradas cortas a petición de un cliente.